古代汉语常识

王　力○著

中華書局

图书在版编目（CIP）数据

古代汉语常识/王力著. —北京:中华书局,2020.9
（2025.4 重印）
  ISBN 978-7-101-14686-8

  Ⅰ.古… Ⅱ.王… Ⅲ.古汉语-基本知识 Ⅳ.H109.2

中国版本图书馆 CIP 数据核字（2020）第 140135 号

书　　名	古代汉语常识	
著　　者	王　力	
责任编辑	李若彬	
封面设计	毛　淳	
责任印制	韩馨雨	
出版发行	中华书局	
	（北京市丰台区太平桥西里 38 号　100073）	
	http://www.zhbc.com.cn	
	E-mail:zhbc@zhbc.com.cn	
印　　刷	北京盛通印刷股份有限公司	
版　　次	2020 年 9 月第 1 版	
	2025 年 4 月第 8 次印刷	
规　　格	开本/880×1230 毫米　1/32	
	印张 8⅛　插页 2　字数 120 千字	
印　　数	40001–45000 册	
国际书号	ISBN 978-7-101-14686-8	
定　　价	28.00 元	

目 录

一、汉语发展史鸟瞰

　　事物总是发展的，语言不能是例外。随着历史的发展，汉语从上古、中古、近代以至现代，经历不少的变化，才成为现在的样子。研究这些变化，成为一门科学，叫做汉语史，也叫做汉语发展史。

　　语言是发展的，在科学发达的今天，这是不容怀疑的真理。但是古人并不懂得这个真理，他们以为语言是永久不变的。儿女跟父母学话，世代相传，怎么会有变化呢？他们不知道，儿女跟父母学话也不能百分之百相像，一代传一代，积少成多，距离拉大了，就有明显的变化。其次，由于社会的发展，新事物的产生需要新的词语来表示，旧事物的废弃也引起旧词语的淘汰，语言的变化就更大了。

现在我分为语音、语法、词汇三方面和大家谈谈汉语发展史。由于篇幅的限制，我只能粗线条地勾画出一个轮廓。

（一）语音的发展

从前人们不知道语音是发展的，不知道古音不同于今音。他们念《诗经》的时候，觉得许多地方不押韵。例如《关雎》二章："参差荇菜，左右采之；窈窕淑女，琴瑟友之。""友"字怎能和"采"字押韵呢？于是有人猜想，诗人为了押韵，把"采"字临时改读为"此"，"友"字临时改读为"以"。这种办法叫做叶音。但是，为什么《诗经》里所有的"友"字都念"以"，没有一处读成"酉"音呢？人们没法子回答这个问题。直到明末的陈第，才提出了一个历史主义的原理。他说："时有古今，地有南北，字有更革，音有转移，亦势所必至。"他从此引出结论说，《诗经》时代，"友"字本来就念"以"，并非临时改读。他的理论是正确的，但是他的拟音还不十分正确。直到最近数十年，我们学习了历史比较法，进行了古音拟测，才知道先秦时代，"采"字的读音是[ts 'ə]，"友"字的读音是[ɣǐuə]，这样问题才解决了。这就是说语音不是一成不变的，而是在不断发展变化着。但是语音的发展变化不是杂乱无章的，而是很有系统、很有规律地发展变化着。我们研究古代汉语，就要知道些古音知识。这样，古代汉语中的有些问题才容易理解。我们不要求照古音来读古书，那样做，一是不容易，二是没必要。我们只要求知道古代读音与现代读音不同，比如有些诗歌，现在念起来很不顺口，不押韵，但用古音来念就押韵，就很顺口。所以我们学习和研究古代汉语，要有一些古音的知识。

不但上古音和今音不同，中古音也和今音不同。不懂中古音，我们读唐宋诗词时，有些地方也感到格格不入。例如杜牧《山行》诗：

远上寒山石径斜，白云生处有人家。
停车坐爱枫林晚，霜叶红于二月花。

如果用现代普通话来念，"家""花"可以押韵，"斜"和"家""花"就不押韵了，而它是平声字，应该是入韵的。是不是杜牧作诗出了错误呢？不是的。这是因为现代读音跟唐宋时代的读音不一样了，语音发展了。我们有些方言，读起来就很押韵，比如用上海话读成[zia]就可以和"家""花"押韵了。这说明苏州话"斜"的读音接近唐宋时代的读音，因为上海话"斜"字保存了唐、宋音。又如王安石《元日》诗：

爆竹声中一岁除，春风送暖入屠苏。

　　　　千门万户曈曈日，总把新桃换旧符。

用广州话读，"除"〔tsʻØy〕、"苏"〔sou〕、符〔fu〕都不押韵，用北京话读就押韵了，因为北京话"除""苏""符"等字接近于唐、宋音。再如宋人范成大的《田园四时杂兴》之一：

　　　　昼出耘田夜绩麻，村庄儿女各当家。
　　　　童孙未解供耕织，也傍桑阴学种瓜。

照北京话来念，"麻""家""瓜"是押韵的，这说明这几个字北京话的读音比较接近唐宋时代的音。如果用苏州话来念，"麻"和"瓜"还是押韵的，"家"和"麻""瓜"就不押韵了。北京人念杜牧那首诗，"斜"与"家""花"不押韵，苏州人念这首诗，"家"与"麻"不押韵，可见要读懂唐宋诗词，需要有些古音的知识。如果懂得了平水韵，懂得了唐宋古音，就不会有不押韵的感觉了。还有一个平仄问题，写诗要讲究平仄，所谓平，就是平声；所谓仄，就是上、去、入三声，苏州话有入声字，北京话没有入声字。古代的入声字，在现代北京话中分派到阴平、阳平、上声、去声中去了。这样，北京人遇到在古代读入声而现在读阴平、阳平的字，就不易分辨了。比如刚才范成大那首诗中"童孙未解供耕织"的"织"，北京话读阴平，这就不对了，这句诗应该是平平仄仄平平仄，"织"字所在的位置不应该用平声字，所以北京话"织"字读阴平就与古音不合了，

"织"字在古代是个入声字，这样就合平仄了。所以说，我们应该懂一些古音的知识。当然，要透彻地了解古音，是不容易的，但是学习古代汉语总要有一些古音的基本知识。

声母方面，有两次大变化：

第一次是舌上音和轻唇音的产生。本来知、彻、澄母字是属于端、透、定母的。现代厦门话"直"字读[tit]，"迟"字读[ti]，"昼"字读[tiu]，"除"字读[tu]，"朝"字读[tiau]，是保存了古声母。客家话"知"读为[ti]，也保存了古声母。本来非、敷、奉、微四个声母的字是属于帮、滂、并、明的，上海"防"字读[bɔŋ]，"肥皂"说成"皮皂"，白话"问"说成"闷"，"闻"（嗅）说成"门"，"味道"说成"谜道"；广州"文"读如"民"，"网"读如"莽"，"微"读如"眉"，白话"新妇"（儿媳妇）说成"心抱"，都是保存了古声母。舌上音大约产生于盛唐时代，轻唇音大约产生于晚唐时代。

第二次是浊音的消失。本来，汉语古声母分为清、浊两类：唇音帮、滂是清，并是浊；舌音端、透是清，定是浊；齿音精、清是清，从是浊；牙音见、溪是清，群是浊，等等。现代吴方言还保留清、浊的分别，例如"暴"[bɔ]≠"报"[pɔ]，"洞"[duŋ]≠"冻"[tuŋ]，尽[dzin]≠"进"[tʃin]，"轿"[dziɔ]≠"叫"[tɕiɔ]等等。现代粤方言浊音已经消失，只在声调上保留浊音的痕迹：清音字归阴调类，浊音字归阳调类，以致"暴"与"报"、"洞"与"冻"、"尽"与"进"、"轿"与"叫"，都是同音不同调。北京话只有平声分阴阳，浊上变去，去声不分阴阳，以致"暴"="报"、"尽"="进"、"轿"="叫"，既同音，又同调，完全混同了。浊音声母的消失，大约是从宋代开始的。

韵部方面，也有两次大变化：

第一次是入声韵分化为去入两声。上古入声有长入、短入两类。例如"暴"字既可以读长入[boːk]，表示残暴；又可以读短入[bok]，表示晒干（后来写作"曝"）。后来长入的"暴"字由于元音长，后面的辅音失落，变为[bo]，同时变为去声。长入变去的过程，大约是在魏晋时代完成的。

第二次是入声韵部的消失。古代入声有三种韵尾：[-p][-t][-k]，和今天的广州话一样。例如广州"邑"[jɐp]、"一"[jɐt]、"益"[jik]，"急"[kɐp]、"吉"[kɐt]、"击"[kik]。后来合并为一种韵尾：[-ʔ]，和今天的上海话一样。例如上海"邑、一、益"[iʔ]，"急、吉、击"[tɕiʔ]。最后韵尾失落，和今天的北京话一样。例如"邑、一、益"[i]（"一"读阴平，"邑、益"读去声），"急""吉""击"[tɕi]（"击"读阴平，"急""吉"读阳平）。这最后的过程大约是在元代完成的。

语音的发展都是系统性的变化，就是向邻近的发音部位发展。例如从双唇变唇齿，从舌根变舌面。有自然的变化，如歌韵的发展过程是ɑi→ɑ→ɔ→o；有条件的变化，如舌根音在[i][y]的前面变为舌面音，北京话"击"字是由[ki]变[tɕi]，"去"字是由[kʼy]变[tɕʼy]；又如元音[u]在舌齿唇的后面变为［ou］，广州话"图"字是由［tʻu］变［tʻou］，"苏"字是由［su］变［sou］，"布"字是由［pu］变［pou］。条件的变化都只是可能的，不是必然的。

（二）语法的发展

古今语音变化很大，语法的变化就小得多。因此，古代的语法，也比较好懂。但是，也有困难的地方。有些语法现象好像古今是一样的，其实不一样。研究古代语法，不能用翻译的方法去研究，不能先把它翻译成现代汉语，再根据你翻译的现代汉语去确定古代汉语的结构。我们不能用翻译的方法去研究古代汉语语法，就跟不能用翻译的方法去研究外语语法一样。用翻译的方法去研究古代汉语是很危险、很容易产生错误的，因此这种研究方法是一种错误的研究方法。

现代汉语有所谓包孕句，上古汉语没有这种包孕句，而上古汉语有一种"之"字句，即在主语和谓语之间有一个"之"字。如："不患人之不己知，患不知人也。"（《论语·学而》）"人之不己知"不是包孕包中的子句，而是名词性词组，它们所在的句子也不是复句式的包孕句，而是一个简单句。如果把它翻译成现代汉语，"之"字不翻出来很顺畅，"不怕人家不了解自己"；如果"之"字翻译成"的"字，"不怕人家的不了解自己"，就很别扭。这就说明，在上古汉语中，这个"之"字必须有，有这个"之"字句子才通，没有这个"之"字就不成话；

而现代汉语中，没有那个"的"字才通畅，有了那个"的"字，就不通了。这就是古今汉语语法不同的地方。这种"之"字，《马氏文通》里没有提到，后来好像很多语法书也不怎么提。我在《汉语史稿》中特别有一章，叫做"句子的仂（lè）语化"。"仂语"就是我们现在叫的"词组"。所谓仂语化，就是说，本来是一个句子，有主语，有谓语，现在插进去一个"之"字，它就不是一个句子了，而是一个词组了。后来南开大学有一本教材，大概是马汉麟编的，称这种结构叫"取消句子的独立性"。这就是说，它本来是一个句子，现在插进了一个"之"字，就取消了它的独立性，就不是一个独立的句子形式了。叫"句子的仂语化"也好，叫"取消句子的独立性"也好，都有一个前提，就是承认它本来是一个句子，后来加"之"字以后，被"化"为仂语了，被"取消"独立性了。

这种说法对不对呢？最近我重写汉语史，写到语法史的时候，碰到了这个问题，重新考虑了这个问题，感到从前的说法是片面的，甚至是不对的。为什么不对呢？因为这种"之"字句在上古汉语中，是最正常的、最合乎规律的。这种"之"字，不是后加上去的，是本来就有的，没有这个"之"字，话就不通，那怎么能叫"仂语化"呢？不是"化"来的嘛，也不是"取消句子的独立性"。所以那么叫，是因为先把它翻译成现代汉语了，在现代汉语中那个"的"字是不必要的，于是就以为古代汉语的那种"之"字也是加上去而使它成为一个词组的。这种"之"字结构，就是一个名词性词组；这种"之"字的作用，就是标志着这种结构是一个名词性词组。这种"之"字结构，可以用作主语、宾语、关系语和判断语。下边我举几个例子：

> 民之望之，若大旱之望雨也。(《孟子·滕文公下》)
> 纣之去武丁未久也。(《孟子·公孙丑上》)
> 知虞公之不可谏。(《孟子·万章上》)
> 君子之至于斯也，吾未尝不得见也。(《论语·八佾》)

第一个例子，"民之望之"作判断句的主语，"大旱之望雨"作判断句的判断语；第二个例子，"纣之去武丁"作描写句的主语；第三个例子，"虞公之不可谏"作叙述句的宾语；第四个例子，"君子之至于斯也"作关系语，表示时间。这里的"之"字都不能不要，不要这个"之"字就不合上古语法了。

与"之"字句起同样作用的，是"其"字句。"其"字是代词，但这个代词总处于领位，因此，"其"字等于"名词 + 之"。有人用翻译的方法定"其"字就是现代汉语中的"他"字，这是错误的。古汉语中的"其"字，跟现代汉语中的"他"字在语法上有很多不同。"其"字永远不能作宾语，从古代汉语到现代汉语，都不能把"其"字当宾语用。我二十七岁要去法国，买了一本《法语入门》，这本书把法语的 jee′ aime（我爱他）翻译为"我爱其"，就非常错误。这本书的作者，法文程度很好，中文程度就很差了。"其"字能不能当主语呢？从前有些语法学家以为"其"字可以充当主语，这是一种误解。黎锦熙先生在《比较文法》中承认"其"字可以充当子句的主语，但他有一段很好的议论，他说："马氏又分'其'字用法为二：一在主次，二在偏次。实则'其'字皆领位也。""其"字不是只等于一个名词，而是等于"名词+之"，所以只能处于领位，不能处于主位。下边举几个例子来看。

例一：《论语·学而》："其为人也孝弟，而好犯上者鲜矣。""其为人也孝弟"译成现代汉语是"他为人孝弟"，那么"其"字不等于主语了吗？刚才说了，这种翻译的研究方法是一种错误的研究方法，古代汉语的"其"字不同于现代汉语的"他"字。这个句子的主语是"其为人"，谓语是"孝弟"。"其为人"等于"某之为人"，是一个名词性词组，这个名词性词组作主语，不是"其"字作主语。

例二：《论语·阳货》："孔子时其亡也而往拜之。"这句话的意思是孔子窥测阳货不在家的时候去拜访他。"其亡"是"阳货之亡"，是一个名词性词组，作动词"时"的宾语。

这种"其"字结构和"之"字结构有同样的作用，它们都是一个名词性词组。我在重新写的语法史里举了很多的例子，大家可以看。

有时候，"之"字和"其"字交互使用，这更足以说明"其"等于"名词+之"。举两个例子：

例一：《论语·泰伯》："鸟之将死，其鸣也哀；人之将死，其言也善。""鸟之将死"用"之"，"其鸣也哀"用"其"，这里的"其"字等于"鸟+之","其鸣也哀"就是"鸟之鸣也哀"。为什么用"其鸣"而不用"鸟之鸣"呢？因为前边已经说了"鸟之将死"，后边再说"鸟之鸣也哀"，就重复了，不如后边的"鸟之"用代词"其"表示更精练。"人之将死，其言也善"，情况相同。

例二：《庄子·逍遥游》："水之积也不厚，则其负大舟也无力。""其负大舟"就是"水之负大舟"。因为前边用了"水之积"，后边的"水之负大舟"的"水之"就可以用"其"字代替了。

从上边"其"字和"之"字交互使用的情况看出，"其"字绝不是一个"他"字，而是包括了"之"字在里边，它是"名词+之"，因此，它不能用作宾语，也不能用作主语，只能处在领位。

古代的"之"字句、"其"字句，其中的"之"字是必需的，不是可有可无的。现代汉语中没有这种句式，我们不能把这种"之"字翻译成现代汉语的"的"字，也不能把"其"字翻译成"他的"或"它的"。如"水之积也不厚"，不能译成"水的积蓄不多"；"其负大舟也无力"，也不能译成"它的负担大船无力"。从前我们编《古代汉语》说这些"之"字可以不译出，这种说法不够好，不是可以不译，而是根本不应该译，因为现代没有古代的那种语法。

虽然语法是最富有稳定性的，但是也不能没有发展。现在举出主要的四点来谈：

第一，双音词的发展。汉语本来是所谓单音节语。除联绵字外，都是单音词。后来逐渐产生双音词，随着历史的发展，双音词越来越多了。双音词产生的主要原因是：（1）由于语音系统简单化，需要产生双音词，以免同音词太多。例如北京话"眼"发展为"眼睛"、"角"发展为"犄角"，就是这个道理。广州话同音词较少，因此双音词也较少。（2）由于社会的发展，新事物的不断产生和出现，双音词也就越来越多。新名词一般总是在旧词的基础上产生的，往往是两个旧词的组合，如火车、轮船、电灯、电话、火柴、肥皂等。

第二，词尾的发展。名词词尾"子""儿"，人称代词词尾"们"，形容词词尾"的"，副词词尾"地"，动词词尾"了""着""过"，都是近代产生的。这是汉语语法的大发展。尤其是表示情貌（aspect）的动词词尾"了""着""过"，最能反映汉民族逻辑思维的发展。

第三，量词的发展。上古时代，汉语的量词是很少的，只有"车千乘""马千匹"一类的量词，而且这些量词是放在名词后面的。"一个人""一所房子""三条鱼""五棵树"等，其中的量词，是比较后起的了。另有一种动量，如"来了八次""听了一回""再说一遍"等，那就更晚。这也是汉语语法的大发展。

第四，使成式的发展。上古时代，使成式非常罕见。《孟子》说："必使工师求大木……匠人斫而小之。"（《梁惠王下》）这是使成式的萌芽。由"斫而小之"演变为"斫小"，就成了使成式。但是，使成式在古文中仍是非常少见的。古人用的是使动词。"打败了他"，古人只说"败之"；"做成了它"，古人只说"成之"；"打死了他"，古人只说"毙之"；"打倒了他"，古人只说"踣之"等等。使动词只说出了结果，没有说造成这种结果的原因，意思不够明确。使成式把因、果同时说出来了，这也是汉语语法的大发展。

（三）词汇的发展

随着社会的发展，词汇就新陈代谢。旧词的死亡和新词的产生，是汉语发展长河中最显而易见的现象。上古的俎、豆、尊、彝等等，后代没有了，它们就变成了死亡的词。但是新兴的词要比死亡的词多得多。我们学习古代汉语，就是要准确地掌握古代汉语的词义。一个词，在古代汉语中的意义与在现代汉语中的意义是不相同的，不能用现代汉语的词义去解释古代汉语的词义。

先举两个例子：头一个是"再"字。上古的"再"字，是两次、第二次的意思，这个意思一直用到宋代以后。这不同于现代"再"字的意思。古代"再"字只作"两次、第二次"解，"第三次"就不能用"再"了。数目字作状语，"一次"可以用"一"，"三次"可以用"三"，"六次"可以用"六"，"七次"可以用"七"。如："禹三过其门而不入""诸葛亮七擒孟获""六出祁山"。唯独"两次"不能用"二"，必须用"再"。如："一鼓作气，再而衰，三而竭。"古书这样的例子很多。比如《周易·系辞》："五年再闰。"就是五年之内有两次闰月。《史记·孙子吴起列传》："一不胜而再胜。""再胜"就是赢两次。"再"字作"又一次"讲，产生得很晚，现在还没有研究清楚到底在什么时候。再举一个例子，"稍"字在古代是逐渐的意思，而不是现代的稍微的意思。比如《史记·魏公子列传》："其后稍蚕食魏。""稍蚕食魏"就是"逐渐地像蚕吃桑叶那样来吃魏国"。"稍"表示的是一步一步地吃，而不是稍微吃一点，所以下文才有"十八岁而虏魏王，屠大梁"。"虏魏王，屠大梁"是渐渐地吃的结果，如果只是稍微吃一点，就不会产生这种结果了。又比如《史记·绛侯周勃世家》："吏稍侵陵之。""稍侵陵之"，就是一步一步地欺负他。绛侯周勃很忠厚，他属下的人就得寸进尺，一步步地欺负他。不能说成"稍微欺负"，那不成话。又比如，苏轼有一句话，"娟娟明月稍侵轩"，它的意思是美好的月光渐渐地照进窗户。因为月亮是移动的，所以是一步一步地照进窗户，不是一下子都照进来了，也不是只稍微照进来一点，要是那样，就没有诗意了。

　　古汉语中有些看起来很浅的字，最容易出错误。比较深的字会去查字典，问老师；很浅的字，以为自己懂了，实际上不懂，这就容易理解错了。

　　词汇的发展和社会生产的发展有极其密切的关系。社会生产的发展又和科学技术的发展大有关系。近百年来，社会生产有巨大的发展，因此，表现新事物、新科学、新技术的名词术语也就层出不穷。近百年来，汉语新词的产生，其数量远远超过二千年。我们可以从新词产生的多少，看文化科学的进步。

汉语的词汇常受外语的影响。最明显的影响可以分为三个时期：第一时期是北方与西域的影响。主要是在汉代输入一些外来语，如箜篌、琵琶、蒲桃（葡萄）、苜蓿等。第二时期是印度的影响。主要是在东汉输入佛教以后，如佛、菩萨、和尚、世界、地狱、罪孽等。第三时期是西洋的影响。是在鸦片战争以后，西洋的文化、科学、技术传入中国，汉语里产生大量的新词，五四运动以后，新词越来越多。今天书报上的文章里，大约有三分之一以上是五四运动以后新兴的词语，不过人们习以为常，不知道它们是新兴的词语罢了。

应该指出，五四运动以后新兴的词语，并不都是外语的影响。除了咖啡、沙发一类音译名词之外，一般的译词如火车、轮船、电灯、火柴、肥皂、电影等，都不该认为是外语的影响。因为这些新事物传入中国以后，中国人用汉语的旧词作为词素造成这些新事物的名称，这是土生土长的东西，不能说是从外语借来的。

但是，有些抽象的名词概念，仍应认为是从外语借来的。例如哲学、文学、逻辑、前提、具体、抽象、经济、革命、发展等，都不是我国古人原有的概念。古书中虽也有文学、具体、经济、革命的说法，但不是今天这个意思。至于逻辑是译音（logic），前提、抽象是译意（premise、abstract），那更不用说，是受外语的影响了。

　　以上所讲的汉语发展史，可说是轮廓的轮廓。详细讲起来，可以写成一部书，这里不详细讲了。

二、什么是古代汉语

古代汉语是跟现代汉语相对的名称：古代汉族人民说的话叫做古代汉语。但是，古人已经死了，现代的人不可能听见古人说话，古人的话只能从古代留传下来的文字反映出来。因此，所谓古代汉语，实际上就是古书里所用的语言。

语言是发展的，它处在不断的变化中。中国的文化是悠久的，自从有文字记载到今天，已经有三千多年的历史。所谓古代汉语，指的是哪一个时代的汉语呢？是上古汉语，是中古汉语，还是近代汉语呢？

的确是这样。我们如果对古代汉语进行严格的科学研究，的确应该分为上古时期（一般指汉代以前）、中古时期（一般指魏晋南北朝隋唐）、近代时期（一般指宋元明清），甚至还可以分得更细一些。那样研究下去，就是"汉语史"的研究。但是，那是汉语史专家的事情，一般人并不需要研究得那样仔细，只要笼统地研究古代汉语就行了。

研究古代汉语不分时代，大致地说，也还是可以的。封建社会的文人们喜欢仿古，汉代以前的文章成为他们学习的典范。中古和近代的文人都学着运用上古的词汇和语法，他们所写的文章脱离了当时的口语，尽可能做到跟古人的文章一样。这种文章叫做古文，后来又叫做文言文（用文言写的诗叫做文言诗）。我们通常所谓古代汉语，就是指的这种文言文。照原则说，文言文是不变的，所以我们可以不分时代研究古代汉语。当然，仿古的文章不可能跟古人的文章完全一样，总不免在无意中夹杂着一些后代的词和后代的语法，不过那是罕见的情况。

历代都有白话文。近代的文学作品中，白话文特别多，如《水浒传》《儒林外史》《红楼梦》等。这些也都属于古代汉语，但是一般人所说的古代汉语，不包括近代白话文在内。因为这种白话文跟现代汉语差不多，跟文言文的差别却是很大的。

这本小册子所讲的古代汉语就是文言文，所以不大谈到历史演变，也不谈到古代白话文。这里先把古代汉语的范围交代清楚，以后讲到古代汉语的时候，就不至于引起误解了。

三、为什么要学习古代汉语

为什么要学习古代汉语？首先是为了培养阅读古书的能力，以便批判地继承祖国的文化遗产；其次是因为古代汉语对现代语文修养也有一定的帮助。现在把这两个理由分别提出来谈一谈：

第一，中国有几千年文化需要我们批判地继承下来。我们每一个人或多或少地总要接触古代文化。有时候，是别人先读了古书，然后用现代语言讲给我们听，例如我们所学的中国史就是这样。有时候，是别人从古书中选出一篇文章或书中的某一章节的原文，加上注解，让我们阅读，例如我们所学的语文课，其中有一部分就是这样。将来我们如果研究历史，就非直接阅读古代的史书不可；如果研究古典文学，也非直接阅读古代的文学作品不可。研究哲学的人必须了解中国的哲学史，研究政治的人必须了解中国历代的政治思想，研究经济的人必须了解中国历代特别是近代的经济情况，他们也必须直接阅读某些古书。学音乐的人有必要知道点中国音乐史，学美术的人有必要知道点中国美术史，他们也不免要接触古书。就拿自然科学来说，也不是跟古书完全不发生关系的。学天文、数学的，不能不知道中国古代天文学和数学的辉煌成就；学医学、农学的，不能不知道中国古代医学上、农学上有许多宝贵经验；学工科的，也不能不知道中国古代不少工程是走在世界建筑学的前面的。当然，我们也可以靠别人读了讲给我们听，或用现代白话文写给我们看，但是到底不如自己阅读原文那样亲切有味，而且不至于以讹传讹。

在中学时代，还不能要求随便拿一本古书都能看懂，但是，如果多读些文言文，就可以打下良好的基础。

我们研究中国古代文化，必须剔除其糟粕，吸收其精华。但是，如果我们连书都没有读懂，也就谈不上辨别精华和糟粕了。因此，培养阅读古书的能力，是批判地继承文化遗产的先决条件。

第二，现代汉语是从古代汉语发展来的，现代汉语继承了古代汉语的许多词语和典故。因此，我们的古代汉语修养较高，对现代文章的阅读能力也就较高。像"力争上游"的"上游"（河流接近发源地的部分）、"务虚"的"务"（从事于），本来都是文言词，现在吸收到现代汉语来了。毛主席说："我们还要学习古人语言中有生命的东西。由于我们没有努力学习语言，古人语言中的许多还有生气的东西，我们就没有充分地、合理地利用。当然我们坚决反对去用已经死了的语汇和典故，这是确定了的，但是好的、仍然有用的东西还是应该继承。"（《反对党八股》）我们应该认识到，学习古代汉语，不但可以提高阅读文言文的能力，同时也可以提高阅读现代书报的能力和写作的能力。

四、怎样学习古代汉语

怎样学习古代汉语，这个问题分以下六方面来谈：历史观点的树立；感性认识与理性认识相结合；词汇学习的重要性；语法的学习；学习的具体措施；读什么、怎么读。

（一）历史观点的树立

我们都知道语言是发展的，它随着历史的变迁而变化；但同时它也不可能变化得很大，因为它一方面有发展，一方面还有它的稳固性。因为有继承，所以几千年前的汉语和现代汉语有许多共同处，这是继承的一方面。但它也有发展的一方面，这就是古代汉语和现代汉语有所不同。因此，我们学习汉语首先须树立历史观点，知道它有相同，有不同，有继承，有发展，这对我们学习汉语是有很大好处的。

现在就词汇方面来谈，词汇方面也是有继承有发展的。那么我们对语言的发展要注意什么问题呢？如果是很大的不同，容易发现，也容易知道它不同。古代没有的东西，现在有的，语言的表现就不同。如现代的飞机、拖拉机以及各种科学和工具，都是古代所没有的，当然它就不同；还有些东西是古代有现在没有的，因为古代有许多风俗习惯和工具，都是现在所没有的，所以不可能在现代汉语中找出从前古老的词汇来，这种大不相同的地方，大家都容易注意到。但是，有些并不是大不相同，而是大同小异，古代的和现代的看起来好像是一样的，可是真正仔细考察起来，却并不一样。为什么呢？因为现代汉语是从古代汉语发展来的，两者不可能有很大不同。刚才说的很大的不同，只是小部分不同，大部分都是大同小异的。因为从古代来是有继承的一面，但由于时代的不同，它也有发展的一面，所以我们学习古代汉语，特别要注意又同又不同、大同小异的地方。

现在举例来说："睡"字不但现代有，古代也有，古书上的"睡"字似乎也好懂，也没有问题。可是仔细一看，却并不完全一样。"睡"字在汉代以前，是坐着打瞌睡的意思，和躺在床上睡觉的意思不同。《战国策·秦策一》中说苏秦"读书欲睡，引锥自刺其股，血流至足"。他这句话的意思是说：苏秦一面读书，一面想打瞌睡，于是他用锥子刺他的大腿，他就醒了。这个"睡"就是打瞌睡的意思。因为读书是坐着的，他并不想睡觉，而只是因为感到困乏想打瞌睡，所以用锥子刺他的大腿。如果说他读书时想睡觉，那岂不说他太不用功了？又如《史记·商君列传》："卫鞅语事良久，孝公时时睡，弗听。"这句话是说卫鞅和秦孝公谈话，秦孝公不爱听他说的，所以说孝公时时打瞌睡。这个"睡"字如解作睡觉就不对了，因为他们尽管是君臣关系，秦孝公也绝不会如此不礼貌，竟躺在床上睡起觉来了。所以，每一个词的意义都有它的时代性，它随着时代的变化而改变，这一点很重要。因为换了时代后，我们就不能以老的意义去看它了。例如唐朝杜甫的《彭衙行》中有一句话："众雏烂漫睡，唤起沾盘餐。"是说小孩们随着大人逃难，到了一个地方后，孩子们困极了，倒在床上睡得很香。如以汉朝以前的意思来讲，说孩子们打瞌睡，那就不通了，因为要说小孩们打瞌睡，就不能睡得那么香。

池塘的"塘"字在唐朝以前的一般意思，也和现代的很不一样。原来的"塘"字，是指在河旁边防水的堤而言。唐崔颢《长干行》中有"君家何处住？妾住在横塘"之句，句中的"横塘"是地名，一定是在堤的旁边，她绝不会住在池塘里。又如谢灵运的《登池上楼》中有"池塘生春草，园柳变鸣禽"之句，这里的"塘"就是堤的意思。说春草生在堤上是可以的，绝不能说它生在池塘里。总之，"塘"字在唐朝时的意义，和现在的意思不一样。

又如，"恨"字在汉朝以前，一般的不讲作仇恨的意思，只当遗憾的意思讲。在古代，"恨"和"憾"是同义词。诸葛亮在《出师表》中说："先帝在时，每与臣论此事，未尝不叹息痛恨于桓灵也。"这句话是说，刘备在世时，常谈到汉桓帝、灵帝时宠信宦官的事，感到悲痛与遗憾。这里的"痛恨"，不能用现在的"痛恨"来解释，因为桓帝、灵帝都是汉朝的皇帝，诸葛亮怎能痛恨皇帝、骂皇帝呢?

书信的"信"字，在汉朝以前，写信不说写信，说"作书"或"修书"。当时信就叫"书"，带信的人才叫"信"，如带信的使臣叫"信使"，所以在古代，"信"和"书"的意义不同。《世说新语·雅量》中"谢公与人围棋，俄而谢玄淮上信至，看书竟，默然无言"。是说谢安正与人下围棋时，他的侄子谢玄从淮上派人来了，谢安看信后默默无言。这里面有书有信，"信至"的"信"和"看书"的"书"的意思不一样。

"仅"字在唐朝时和现在的意义不但不一样，且相反。现在的"仅仅"是极言其少，而在唐时，则极言其多，有"差不多达到"的意思。杜甫在《泊岳阳城下》中说："江国逾千里，山城仅百层。"他说当时的山城差不多达到一百层，是很高的意思，不能拿现在的说法，说它仅仅一百层，这样就不通了。

韩愈在《张中丞传》中说："初守睢阳时，士卒仅万人。"就是说当安禄山造反，他镇守睢阳时，守城的士兵差不多达到一万人，他都认识他们并能叫出他们的名字，这是很了不起的。如以现代的意义解释，说仅仅一万人那就不对了。

从词的意义的变化，可以看出历史观点的重要。我们要研究古今这些词的意义的异同，哪些相同，哪些不同，应该搞得很清楚。因为看古书，太深的字不怕，我们可以查字典得到解答。如"靝"字，这个字太深，但我们从《康熙字典》上可以查出这个字就是道家的"天"，一点也不难。又如"墬"字，这个字也很深，但是我们一查《辞海》，知道它就是"地"字。所以说，难字难不倒我们，容易的字，倒易迷糊。刚才举的许多字，都是很容易的字，每人都认识它，由于太熟悉了，所以古今的不同就容易忽略、容易放过，这样使我们读古书读得半懂半不懂，实际就是不懂，那就有点像我们读日文，许多字我们认识，就是不懂它的意义。当然读古代汉语不能与读日文相比，但有一点是相同的，那就是不要以为字很熟就懂得它的意义了。所以说，我们必须要树立历史观点。

（二）感性认识与理性认识相结合

怎样来学习古代汉语？这有种种不同的方法，效果也不一样。一种是重视感性认识，古人就采取这种方法。古人学习一篇文章，强调把它从头到尾地来熟读和背诵。古人读书从小就背诵几百篇文章，重视感性认识。学校成立以后，尤其是五四以后，逐渐喜欢讲道理。新中国建立以后，更要求讲规律。不管讲道理和讲规律，都是重视理性认识。这两种办法到底哪一种好？我认为两种办法都好，两者不能偏废，不能单采取一种办法。特别现在大家学习古代汉语，很急躁，想很快学好，容易偏重理性认识，要多讲道理、多讲规律。我认为单讲规律，单讲理性认识，没有感性认识，是不对的。古人几千年来学习汉语的经验是讲求背诵，这种读书的方法似乎是太笨，其实并不笨。现在有些青年说，古代汉语难懂，好像比外语还难懂。这话过分了一些，无论如何古代汉语不会比外语难懂。可是其中也说明一个问题，那就是说，我们要以学习外文的方法去学习古代汉语。学外文的经验，首先强调记生字，还要背诵，把外文念得很熟，然后看见一个字、一个词，或读一本书，马上能了解它的意思。最高的程度，就是看书不查字典，举笔就能写文章，说外语时脑子里不用中文翻译，随口而出。过去普通懂外文的人说外国话时，先考虑中文怎么说，然后再翻成外文；外文程度好的人，就不需要先在脑中翻译，可以直接用外文来想。学习古代汉语的经验，和学外语的经验差不多。我们要能看到字就知道这字在古代怎样讲，用不着想这个字或这句话在现代怎样说，在古代怎么说，就好像已经变为古人的朋友，整天和古人在一起谈话似的，这样的效果就很好。

古代人学习古文，不但读的是文言文，而且连写的都是文言文。他们对家里人说的是一种话，关在书房里说的是另一种话，他对古人说古人话，甚至还对朋友说古人话，慢慢地训练成为能说两种话的人，就成为语言学中所谓"二言人"。这种人精通两种话，说哪一种话都用不着想。比如一个孩子是四川人，家住在北京，他在家里讲四川话，在学校里讲北京话，两种话都能说得很好，这种人很不少。我们学习古代汉语也需要培养这种人，就是现代汉语和古代汉语两样都精通，拿起古书来好像跟古人在谈话，不像现代人；等到拿起《人民日报》时，又变为现代人了，这样就容易学好。所以现在连中学都逐渐鼓励背书，这并不是没有理由的。背书就是重视感性认识，是有效果的。我们原来向同学们提出背诵时，大家表示欢迎，后来因为没有时间，有困难，他们就又说："不要背古书了吧，因为古人的思想不对头，有毒素，念熟了容易受他的影响。"我认为不能这样说。因为我们现在选读的古文，大都是思想健康的，即使有一点儿毒素也没有什么可怕，因为我们还有马列主义这个思想武器吗，还怕封建思想的毒害？还怕斗不过它吗？所以我们读古书还要背诵，强调感性认识。我们认为要有足够的感性认识，才能提高到理性认识。

我们学习古代汉语，找出一条经验，就是要把三样东西结合起来学习：一是古代汉语文选，二是常用词，三是古汉语通论。我们要把常常见面的词记熟了，学古代汉语和学外语一样要记生字。古代汉语大概有一千到一千二百个常用词，把它像学外文记生字那样地记住，大有好处。不要记那些深奥难懂的字。从前教和学古代汉语的人都走错了路，专记那些生僻的字。如那时小孩子喜欢找一个难懂的字去考老师，这样做是没有好处的。我们应研究那些在古书中最常见的字，那些不常见的字，你研究它有什么好处呢？同时常用词中，我们还要记它常用的意义，那些生僻的意义，可以不记它。比如一个字有五个常用的意义和五个生僻的意义，那我们就要去记那五个最常用的意义。所以我们要搞常用的、普遍的，不搞那些特殊的、奇怪的。同学们认为记常用词很有用处，因为一个常用词一般在这里是这个意义，在别处一定也是这个意义。要不是这种情况的话，那就要另作处理了。譬如稍微的"稍"字，这个字现代和古代的意义不一样。"稍"字在古代当作"渐渐"讲，《汉书》里有一句话："吏稍侵辱之。"（《周勃传》）是说一个人做官很老实，连衙门里的小官吏，都渐渐地欺负他老实。这里"稍"字就含有渐渐地、得寸进尺的意思，如解作"稍微"的话，就不对了，因为不能说稍微地去欺负他。直到宋代，"稍"字还是这个意思。苏轼的诗中有"娟娟云月稍侵轩"（《与述古自有美堂乘月夜归》诗）之句，是描写他从一个地方回家时看见月亮慢慢升上去，渐渐侵入窗户中的景色，是非常富于诗意的，如要说月亮"稍微"侵入窗户时，就完全没有诗意了。这样我们如掌握了"稍"字这个常用字的词义后，到处就能用"渐渐"来解释它了。

再说"再"字，在古代汉语中当"两次"讲。"再来"就是来两次，"再会"就是会两次。所有的"再"字，都当这讲。古代汉语中的"五年再会"，如用现代汉语来讲，是说五年后再见，古代汉语则解作五年之内会面两次，两者差别多大！所以如果掌握了常用词的词义，就到处用得上了。

古汉语通论，就是讲理论、讲道理、讲规律，讲古代语法、语音、词汇以及文字学的一些道理，来帮助我们深入地了解古代汉语。三部分中的文选是感性知识部分，古汉语通论是理性知识部分，常用词既是感性又是理性。说它是感性，就是说它当生字来记，说它理性，就是掌握词义后到处可用，也可说掌握它的规律。把古代汉语分为文选、常用词、古汉语通论三部分，把理性知识与感性知识好好结合起来。此外，我们还要强调自己动脑筋、想问题。这样的要求是比较高一些，可以提出，但不要对一般同学提出这要求。古代汉语怎样能懂呢？把很多的文章凑起来，加以分析、概括、领悟，就能懂了。如"再"当"两次"讲，就是从每一篇有"再"字的文章中去领悟它的意义是否一样，当你发现所有的"再"字都当"两次"讲时，你就恍然大悟，知道这个"再"字当"两次"讲了。所以这是领悟出来的、归纳概括出来的。因为它是客观存在的东西，你从许多文章中加以研究、分析、概括，它的意思就找出来了，比查字典还好。因为字典本身有缺点，如《辞源》《辞海》《说文解字》等，都是以文言文来解释文言文，看了以后仍不懂，等于白看了。

　　另外，字典中的解释并不都很完善，还有待我们的修正和补充。如"再"字当"两次"讲，在《说文》中是讲了，普通字典就没有这样解释。所以要我们自己去悟它，琢磨它，就可以搞懂这种道理。

　　再以学外文为例，要学好不能单听老师讲，还要自己动脑筋去悟、去领会它。特别中国人学欧洲文字，它和我们中文很不相同，有些地方是我们特别要注意的，是书本所没有讲的，是需要我们领悟出来的。学汉语也是如此，我们不但懂了，而且还要悟出道理来，这就是创造。一方面我们学懂了，而且还做了研究工作，所以说感性认识和理性认识相结合是很重要的。

（三）词汇学习的重要性

学习语言有以下四个方面：一是语音。就是这几个字怎样念；二是语法。就是句子的结构，如说"我吃饭"，有的国家和民族就不是这样说，如日本人说"我饭吃"。又如"白马"，我们许多少数民族说成"马白"，等于我们说"白马"。总之，句子的结构都有一种法则，这就叫语法；三是词汇。词汇是一切事物、行为和性质的名称，如"天"字，英语说成sky，俄语读成небо，都不相同；第四是文字，是语言的符号。假如文字不算在内的话，那么我们学习语言就只有三个要素：语音、语法和词汇。

语音问题不大，因为我们读古书不一定要学古人的读音，但是我们也要知道古今读音的不同。如"人"字，北京音读ren，上海音白话读作nin，文言读zen。据我们的研究，古人"人"字的读音和上海白话的nin差不多。这种东西对于我们学习古代汉语来讲不太重要，古人读音可以让专家去研究，我们一般仍按北京音去读，上海人就按上海音去读好了。

语法比较重要，但不是最重要的一种。我们过去教古代汉语常常有一种误解，以为语法讲法则，只要把古代汉语的语法研究好了，就等于掌握了规律，完成学习古代汉语的任务了。其实不然，因为语法有很大的稳固性，它变化不大。如"我吃饭"，在古代和现在差不多。特别是比较文的话，如"抗震救灾"，从古代到现在都一样，语法变化不大，所以我们放弃了词汇不研究、专去研究语法，还是不解决问题。再说我们的前辈学古文，也不是从语法入手，他们都是念得很熟，能背诵，那时恐怕还不懂什么叫语法，可是他们学习得比我们现在一般人还好，所以我们应着重在词汇方面。我们不能像学外语语法那样，因为外语的语法和我们的差别太大，不学好是不行的。我们现代汉语和古代汉语差别不大，所以我们学习的重点应放在词汇上面，要注意词义的古今异同。

首先我们要攻破词汇关，特别是要掌握常用词。我们常有这种想法，感到古人的词汇很贫乏，不够用，不像我们现在那样的丰富。应该说现代汉语的词汇比过去丰富，但不能说古代汉语的词汇很贫乏。我们应该注意古人的许多概念分得很细，可是由于我们不了解，把它混同起来了而感到贫乏，其实在某些地方，比我们现代分得还细。例如，古人说青、赤、黄、白、黑五色，是正色。此外，还有别的颜色，如青、黄加起来成为绿色，白色加青色成为碧色，赤色加白色成为红色，黑色加赤色成为紫色。从颜色来看，分得很清，不简单。再以红色来讲，红有粉红、大红，古人却只有红色，是不是因为没有粉红而觉得贫乏了呢？其实不然，古代大红叫"赤"，或叫"朱"，粉红才叫"红"。《论语》中孔子说红紫不可为亵服，因为红紫不是正色，赤才是正色。"红旗"是用现代汉语说的，日本《赤旗报》的"赤旗"两字，倒用的是我们古代汉语。但是，从词义讲，我们要注意时代性。"红"在古时作粉红讲，但到唐朝时却当大红讲。如白居易的词中说："日出江花红胜火，春来江水绿如蓝。"（《忆江南词三首》其一）这里的"红"就是大红，和现代的意义是一样的了。再讲蓝色，古人叫"青"。青草的"青"、青天的"青"，就是蓝色的意思。所以我们不能说古人没有蓝色的概念，不过它是以"青"字来表示罢了。古时的"蓝"不当蓝色讲。"青出于蓝而胜于蓝"这个成语中的"蓝"是染料，用它来染丝麻织物时，它的颜色是蓝的。它的意思是说：青色从染料中出来，而它的颜色却胜过染料本色。如解作青色出于蓝色，且胜过蓝色，这就乱了。刚才讲过白居易词中的"春来江水绿如蓝"，其中的"蓝"也不是青色，是说水色绿得好像染料一样，并不是说绿色比蓝色更绿，否则不像话了。由此可见，古人的概念还是分得很细，由于我们不注意，了解得不够，所以觉得古人的词很多，可是用起来意思却是一样而显得贫乏了。其实我们真正深入地去进行研究时，就会发现古人的概念是分得很细的，有些比我们现在还细。

现在来讲几个字：寝、眠、卧、睡、寐、假寐。这几个字，虽然同是与睡觉发生关系的概念，可是分得很细。"寝"是躺在床上睡；"卧"是倚着矮桌子睡；"眠"是闭上眼睛，没有睡着；"寐"是闭上眼睛，没有知觉，也就是睡着了的意思。古人说"眠而不寐"，就是闭着眼睛没有睡着。"睡"是坐寐的意思，就是坐在那里睡着了；它和"寝"不同，因"寝"是躺在床上睡的。"假寐"就是不脱衣冠坐在那里打瞌睡。单从上述有关睡觉的概念来说，已分为六类，由此可知古人的概念还是分得很细的。

现在再举项、颈、领三字为例。这三个词的概念在古代汉语中也分得很细。"领"是指整个脖子，如"引领而望"是说伸长着脖子在远望；"首领"是脑袋和脖子的总称。"项"是指脖子的后部，古人的成语"项背相望"是说一个跟着一个在走，后面的人望着前面人的"项背"。如说"颈背相望"那就不对了，因为在背后的人是不能望见前面人的颈子的；如说"领背相望"也不好，因为没有说清楚后面的人望着前面人的"项"。"颈"一般是指脖子的前面。古人说"刎颈"是自杀的意思，如楚霸王项羽刎颈自杀了，不能说"刎项"，因为"项"是在后面的，那就自杀不了。所以古人对词的概念在有些地方是分得很细的，不能说它贫乏，相反地，在某些概念上倒是分得很清楚的。

再举例来说，关于胡子的问题，古人分为须、髭、髯三个概念。口下为"须"，唇上为"髭"，两旁叫"髯"。关公的髯很长，所以称作"美髯公"。总的名称，也可以用"须"字。我们现在没有这样丰富的概念，不管是上面的、口下的、两旁的都叫做胡子。概念的多少、分得细不细，与时代的风俗习惯有关。须、髭、髯之分，因为古时男子多数留须，所以需要加以区别。现在我们留胡子的人少，不需要分得这样仔细，统称为"胡子"就可以了。还有，在我们古书上，猪、马、羊、牛的名称种类很多，就是因为在畜牧时代，对初生的猪、一岁的猪、二岁的猪的名称，都需要分开，才能讲得清楚。所以说，一个时代跟一个时代不同，一个民族跟一个民族不同，因此也就不能简单地说古人的词汇是贫乏的。这是讲词汇的第一个问题。

前面提到，古人的词汇不贫乏，在日常生活中用到的词，古人都具备。照斯大林的讲法，这叫做基本词汇。在日常生活中用到的词，就概念来说，古人都有，不过他们所用的词跟我们现在不完全一样。比如"红"的概念，古人也有，不过用"赤"字来表示。现在的"睡"字，古人则用"寐"字。"睡醒了"，古人也有醒的概念，不过是用了"觉悟"的"觉"或"寤"字。这个"醒"是后起的字，上古时代没有。我们现在讲"睡觉"，在古时只是睡醒的意思。上古时代没有现在的"泪"字，这自然不能表明古人没有泪的概念，上古时代，用"涕"字来表示，《诗经》有句话："涕零如雨。"是说眼泪流下来像雨一样。如果我们不了解它的意思，把它当成鼻涕的意思，那就会解释成"鼻涕流下来像雨一样"，这就不对了。那么，古人用什么字表示鼻涕呢？是个"泗"字。《诗经》有"涕泗滂沱"（《小雅·小明》）的话，是说眼泪、鼻涕一起流下来。还有上古时代，没有"睛"字，这个"睛"字，用现在的话说，就是眼珠子。古人有眼珠的概念，是用"眼"字表示的。所以伍子胥死时，曾说过把他的眼挖出来挂在城门上的话。那时说挖"眼"，就是挖眼珠的意思。那么古人用什么字来表示眼睛的概念呢？这就是大家所知道的"目"字。这个"目"字，现在还用。再有"高低"的"低"字，上古时候也没有。那时用"下"字表示低的概念，古书中常有"高下"的说法，孟子曾说过"犹水之就下"（《孟子·离娄上》），即水往低处流的意思。根据以上所说，我们可以肯定地说，现在的一般概念，古人都有，至于用什么词来表示，那和现在不一样。

关于古代词汇，现在我们好像懂得，但又不一定真懂。要注意，有些词，不要以为讲得通就算对，讲通了有时也会出错。有时讲起来似乎不会有什么问题了，其实不然，恰恰还有问题。刚才提到苏东坡的诗句"娟娟云月稍侵轩"，其中的"稍"字作"稍微"讲，也能讲得通，但这样的讲法不对。另外，"时不再来"这句话，出在《史记·淮阴侯列传》，那里说："时乎时，不再来。""时不再来"这四个字，大家都认识，用现在的话解释，就是时间不再来，这样讲好像不难懂。其实这样解释是不对的，"时"不作"时间"讲，而是时机的意思；"再"是两次，"再来"是来两次，整句话的意思是时机不会来两次。

可见讲通了的，未必就是对的。再举个例子，《史记·万石张叔列传》有"对案不食"的话，这好像容易懂，"案"是桌子，"对案不食"就是对着桌子吃不下饭。因为当时万石君的儿子做错了事，万石君很伤心，吃不下饭，他儿子因此就悔过，所以这个故事中才用了"对案不食"的话。但要知道，汉朝时候没有桌子，古人是席地而坐的。"案"这里不能当桌子讲，是一种有四条腿的托盘，可以用来放饭菜。古人吃饭时，就把饭菜盛在托盘里，因为它有四只脚，可以平放在地上。"对案不食"是说对着盛放饭菜的托盘，吃不下饭去，这样讲就对了。如果这里把"案"讲成桌子，虽然也能讲得通，可是在别的地方就讲不通。

语言是有社会性的，一个词在这里这样讲能讲得通，在别的句子里讲不通，那就有问题。比如在"举案齐眉"这个成语里，把"案"讲成"桌子"，那就讲不通。"举案齐眉"的故事是说从前有夫妻二人，丈夫叫梁鸿，妻子叫孟光，他们相敬相爱。孟光给她丈夫送饭，把盛饭菜的盘子举得和眉一般齐。"案"只能解释为"盘"，如果要讲成桌子，那孟光一定举不起来了。

总而言之，对古人用词，要有敏感，要仔细分析，要从大量的材料中进行概括，进行比较，通过自己的思考，把它弄清楚。单纯地靠查字典，那是不够的。

（四）语法的学习

刚才讲到，语法没有词汇那样重要，因为古今的语法变化不大。但这不等于说，古今语法没有变化，也不等于说我们可以不必学古代汉语语法。

关于古代汉语语法，我想可以找些书看看，比较通俗的有杨伯峻的《文言语法》。因此我不详细讲了，只能举些例子说说。

常常有人提到，在否定句中有个词序问题。所谓否定句，是指含有"不""莫"这一类字眼的句子。比如"不知道我"，古人说的时候，要把词序颠倒过来，说"不我知"。这就是说，在否定句中，要把宾语提到动词前面去。还有"你"字，古代说成"汝"，"他"字说成"之"，"自己"说成"己"。这一类都是代词，在否定句中，如作宾语用，一律提到动词前面，说成"不我知""不汝知""不之知""不己知"。这可以说是一条规律，用得很普遍。

疑问句中的宾语，也要提前。不过这里有个限制，宾语必须是代词。比如"何"字，是个代词，它在"尔何知"这句话中作宾语用，需要提到动词前面。如果不提前，说成"尔知何"，那不合语法。有个成语"何去何从"，意思是离开什么，追随什么，这个"何"字也在动词的前面。《孟子》中有句话："先生将何之。"（《告子下》）"之"者，往也，是去的意思。这个"何"是动词"之"的宾语，需要提前。上古时候，"往"字不带直接宾语，因此这句话不能改成"先生将何往"。何以见得？这可用《孟子》中另外一句话作比较说明，《孟子》中有句话说："天下之父归之，其子焉往。"（《离娄上》）这个"焉"字作"于何处"讲，而"于"是介词，所以"焉"能当"往"的间接宾语用。

学习古代汉语语法，要仔细进行分析。宾语要提前，得有条件，那就是必定在否定句、疑问句的情况下。另外，宾语必须是代词，如果是普通名词，那就不能提前。比如说"不骑马"，就不能说成"不马骑"；"知我"不能说成"我知"，因为这不是否定句。如果学习时，忘了这些条件，那就容易出错。《论语》中说："不患人之不己知，患不知人也。"（《学而》）意思是不怕人家不知道自己，只怕自己不知道人家。这句话中，"不己知"中的"己"字，提到了动词前面，"不知人"的"人"却没有提前，这些地方都值得注意。语法方面有很多问题值得研究，有的可研究得很细。不妨再举个例子。"之"和"往"有分别，"之"本来是往的意思，但从语法上看，"之"不等于"往"，其中有差别。"之"的后面可以带直接宾语，而"往"则不能。比如说到宋国去，可说"之宋"；到齐国去，可说"之齐"，但不能说"往宋""往齐"。总之，关于学习古代汉语语法，因受篇幅的限制，不能多讲。上面所讲的，只想说明一个问题，那就是我们也要注意学习语法。

（五）学习的具体措施

提到具体措施，首先是要拿出时间，慢慢地学。应当循序渐进，不能急躁，不能企图一下子就学好。这就是所谓欲速则不达。学外国语，有所谓"俄语一月通"，一个月内学通俄语，那种学法是不会学得牢固的。学习古汉语也一样，不能企图一两个月学好。我们说，学古汉语，学一二年不算多。北大学生，每周学四小时，学两年，还只能学到一般的东西，谈不到学得深透。学习不能速成。我知道大家想学得快、学得好，希望能讲些规律，以为掌握了规律就算学好。规律是需要讲的，但不能把规律看得很简单。学习语文是个反复的过程，快了不行。比如给古书断句，很不简单，常常有点错的情况。点错的或点不断句的，那他一定不懂书的意思，就算是点对了，也还不能说他就一定懂。同学们常点不断句，他们提出问题，问怎样点才能点得对？这就涉及到掌握规律的问题。不会断句的原因是多方面的，有词汇方面的原因，有语法方面的原因，还有不了解古时风俗习惯的原因，等等。可见规律是很复杂的，如果只是讲规律，不从感性知识方面入手，那是不行的。两者应当结合起来。对于人们这样那样的问题，我想总的回答一句，就是学得多了，才能逐渐积累起来；积累多了，问题就解决了。要不然，一个一个问题解决，零星琐碎，而且还达不到自己的愿望。那么，究竟怎么办呢？我看要多读些好文章。可以读读《古文观止》，这书市面上有卖的，其中一共有两百多篇文章，不要求都读，可以少读些，读三五十篇就可以。要读，就要读些思想性较好的或自己爱读的文章，最好能够背诵，至少要读熟。此外还可念些诗，读读《唐诗三百首》。三百首太多，不妨打个折扣，也挑选些思想性好、爱读的诗读读，读一二百篇也就可以了。要读得熟，熟能生巧。所以学古汉语的最基本要求，就是念三五十篇古文、一二百首唐诗。宁可少些，但要学得精些。

另外，要学些常用词，这也很重要。关于常用词，只要认真学，是容易掌握的。那些过深的词，可以不必学它。如果要求高些，还可以念些较深的书，如《诗经》《论语》《孟子》。可以先念《孟子》，再念《论语》，这两部书都比较浅。《诗经》稍难些，可以最后学。前两部书可整个念，最末一部可以念选本。《论语》可以选用杨伯峻的《论语译注》，《孟子》可读兰州大学中文系编的《孟子译注》，《诗经》可以采用余冠英的《诗经选》。除此以外，在学习方面还有更高的要求，这里就不多讲了。

（六）读什么、怎么读

现代汉语是从古代汉语发展来的，我们学习古代汉语，无论如何不会像学外国语那样难。但是，由于中国的历史长，古人距离我们远了，我们学习古代汉语还是有一定困难的。一般说来，越古就越难。要克服学习上的困难，就应该讲究学习的方法。

第一，是读什么的问题。中国的古书，一向被称为"浩如烟海"，是一辈子也读不完的。我们学习古代汉语，必须有所选择。我们应该选读思想健康而又对后代文言文有重大影响的文章。上古汉语是文言文的源头，所以我们应该多读一些汉代以前的文章，当然中古和近代的也要占一定的比重。

整部的书不能全读，可以选择其中的精华来读。

初学古代汉语，应该利用现代人的选本。首先应该熟读中学语文课本中的文言文和文言诗。这是经过慎重选择的，思想健康，其中大部分正是对后代文言文有重大影响的文章。其次，如果行有余力，还可以选读《古代散文选》（人民教育出版社出版）和《古代汉语》（中华书局出版）。这两部书分量太重，最好请老师代为挑选一些，不必全读。

初学古代汉语不应该贪多：先不忙看《诗经选》《史记选》等，更不必全部阅读《论语》《孟子》等。贪多嚼不烂，这是我们应该引以为戒的。

第二，是怎样读的问题。最要紧的是先把文章看懂了。不是浮光掠影的读，不是模模糊糊的懂，而是真懂。一个字也不能放过，绝不能不求甚解。这样，就应该仔细看注解，勤查工具书。

中学语文课本、《古代散文选》《古代汉语》等书都有详细的注解。仔细看注解，一般就能理解文章的内容。有时候，每一句话都看懂了，就是前后连不起来，那就要请教老师。读文章要顺着次序读，有些词语在前面文章的注解中解释过了，到后面就不再重复了。

所谓工具书，这里指的是字典和辞书。字典是解释文字的意义的，如《新华字典》；辞书不但解释文字的意义，还解释成语等，如《辞源》《辞海》。《辞源》《辞海》是用文言解释的，对初学来说，也许嫌深了些。《新华字典》虽然是为学习现代汉语编写的，但是对学习古代汉语也很有帮助，因为其中也收了许多比较"文"的词义（如"汤"字当"热水"讲），并且收了许多比较"文"的词（如"夙"sù，就是"早"）。

有了注解，为什么还要查字典呢？因为做注解的人不一定知道读者的困难在什么地方：有时候读者很容易懂的地方有了注解，读者感到难懂的地方反而没有注解。查字典是为了补充注解不足之处。学习古代汉语的人必须学会查字典，并且养成经常查字典的习惯。

在学习的过程中，可以试着翻译一两篇文章作为练习。但是初学的时候不要找现成的白话译文来看，那样做是没有好处的。正如外语课本不把课本翻译出来一样，中学语文课本也没有把文言文译成白话文。假如译成白话文，就会养成读者的依赖性，不深入钻研原文，以了解大意为满足，这样就影响学习的效果。

学习古代汉语的人，常常是学一篇懂一篇，拿起另一篇来仍旧不懂。所以需要学习关于古代汉语的一般知识，以便更好地提高阅读古书的能力。关于古代汉语的一般知识，大致可以分为三个方面：第一是关于文字的知识，第二是关于词汇的知识，第三是关于语法的知识。掌握了这三方面的知识，就能比较容易地阅读一般文言文。掌握了这些浅近的知识以后，可以为阅读一般文言文打下良好的基础，以后要提高就容易了。

五、古代汉语的文字

古代汉语是用文字记载下来的，所以学习古代汉语就先得识字。这些字虽然跟现代汉语的字基本上一样，但是意思不完全一样，写法也不完全一样，所以需要讲一讲。这里分为四个问题来讲：字形和字义的关系；繁体字；异体字；古字通假。

（一）字形和字义

字形是字的形体，字义是字的意义。汉字有这样一个特点，就是字形在一定程度上表示字义。字的最初的一种意义叫做本义，字的其他意义一般是由本义生出来的，叫做引申义。本义和字形是有关系的，懂得这个道理，有助于了解古代汉语的字义。现在举些例子加以说明。

涉

"涉"的本义是趟着水过河，所以左边是"水"（"氵"就是水）。古文字的"涉"更加形象，写作$\%$，画的是前后两只脚，中间一道河。后来左边写成三点水，右边写成"步"字，其实"步"字上半代表一只脚（即止字），下半代表另一只脚（即反写的止字，ψ，不是"少"）。苏轼《日喻》"七岁而能涉"，其中"涉"字是用的本义。《吕氏春秋·刻舟求剑》"楚人有涉江者"（《慎大览·察今》）引文为课本常选者，篇名多从课本，下同。其中"涉"字用的是引申义，那不是趟着水过河，而是乘舟过河。后来又引申为牵涉、涉历。

操、持

这类字叫做形声字，左边是形符（又叫意符），表示意义范畴；右边是声符，表示读音（形符也可以在右边、上面、下面；声符也可以在左边、上面、下面）。"操""持"都是拿的意思，所以以手（扌）为形符。"操"从喿声（"喿"即"噪"字），"持"从寺声。《韩非子·郑人买履》："而忘操之。"（《外储说左上》）蒲松龄《狼》："弛担持刀。"这两个字也有细微的分别："操"又指紧握，引申为操守、节操；"持"泛指拿。

坠

"坠(墜)"本作"隊",从阜(阝),豕声("豕"即"遂"字)。阜是高大的山,从高山掉下来叫做"隊",引申为泛指坠落。《荀子·天论》:"星队木鸣,国人皆恐。"后来加土作"墜(坠)",以区别于队伍的"隊(队)"。《吕氏春秋·刻舟求剑》:"其剑自舟中坠于水。"(《慎大览·察今》)

契、锲

"契"是刻的意思,《吕氏春秋·刻舟求剑》:"遽契其舟。"(《慎大览·察今》)据《说文》,契刻的"契"写作"栔",从木,㓞声("㓞"音锲)。其所以从木,因为木是刻的对象。字又作"锲",《荀子·劝学》:"锲而舍之,朽木不折;锲而不舍,金石可镂。""锲"从金,契声。其所以从金,因为金是刻的工具(刻刀是金属做的)。

载

"载"从车,𢦏声("𢦏"音哉),本义是车载,《史记·孙子武起列传》:"窃载与之齐。"引申则船载也叫"载",柳宗元《黔之驴》:"有好事者船载以入。"

窥

"窥"从穴,规声。"穴"是窟窿,从窟窿里看,叫做"窥",如"管中窥豹"。引申为偷看,柳宗元《黔之驴》:"蔽林间窥之。"

骇

"骇"从马,亥声,本义是马惊,《汉书·枚乘传》:"马方骇，鼓而惊之。"引申为泛指害怕，柳宗元《黔之驴》："虎大骇。"

鸣

"鸣"从鸟从口。这类字叫做会意字。会意字没有声符，而有两个或三个形符。鸟口出声叫做"鸣"，《诗经·郑风·风雨》："风雨如晦，鸡鸣不已。"引申为泛指禽兽昆虫的叫，柳宗元《黔之驴》："他日，驴一鸣。"

顾

"顾（顧）"从页，雇声。"雇"音户。"页"不是书页的"页"，而是音颉（xié），"页"是头的意思。"顾"是回头看，所以从页，蒲松龄《狼》："顾野有麦场。"

薪

"薪"从艸（⺾），新声。"薪"的本义是草柴，蒲松龄《狼》："场主积薪其中，苫蔽成丘。"也指木柴，《诗经·齐风·南山》："析薪如之何？匪斧不克。"

弛

"弛"从弓，也声，本义是把弓弦放松，《左传·襄公十八年》："乃弛弓而自后缚之。"引申为泛指放松，蒲松龄《狼》："弛担持刀。"

尻、尾

"尻"从尸，九声，是形声字。"尾"从尸，从毛，是会意字。尸，金文作 ⼫ ，侧看像人卧之形。从尸的字，表示人体的部分。"尻"是屁股，"尾"是尾巴。据《说文》说，古人和西南夷人喜欢用毛作尾形以为装饰，所以"尾"字从毛。蒲松龄《狼》："身已半入，止露尻尾。"

贱

"贱"从贝，戋声。"贱"的本义是价格低，所以左边是"贝"（上古时代，贝壳被用为货币）。白居易《卖炭翁》"心忧炭贱愿天寒"，其中"贱"字是用的本义。引申为地位低。

驾

"驾"从马，加声。"驾"的本义是把车轭放在马身上（驾车就是赶车），所以下边是"马"。白居易《卖炭翁》"晓驾炭车辗冰辙"，其中"驾"字是用的本义。引申为驾驭。

险

"险（險）"从阜，佥声。"险"的本义是险阻，所以其字从阜，阜就是山。《列子·愚公移山》："吾与汝毕力平险。"（《汤问》）

（二）繁体字

汉字简化，是中国文化史上的一件大事。由繁体变为简体，易写易认，人们在学习上方便多了。但是古书是用繁体字写的，我们目前还不能把所有的古书都改成简体字。我们学习古代汉语，最好认识繁体字，因为将来读到古书原本时，总会接触到繁体字的。

并不是每一个字都有繁、简二体，例如"人""手""足"

"刀""尺"等字，从古以来笔画简单，不需要再造简体。有些字，笔画虽不简单（例如鞭子的"鞭"），到目前为止，也还没有简化。但是，有许多字已经简化了。

汉字简化，最值得注意的是同音代替的情况：读音相同的两个字或三个字，简化以后合并为一个字了。这又分为两种情况：

第一种情况是原来两个（或三个）繁体字都废除了，合并为一个简体字。这里举几个例子：

发

發、髪一律简化为"发"。古代"發""髪"不通用，发出、发生的"发"写作"發"，头发的"发"写作"髪"。例如（本书所引例句，为阅读方便，一般以句号结句，有的与原文标点不尽相同）：

1.齐军万弩俱发（發）。（《史记·孙子吴起列传》）

2.夫因兵死守蓬茅，麻苎衣衫鬓发（髪）焦。（杜荀鹤《时世行》）

获

獲、穫一律简化为"获"。古代"獲""穫"一般不通用，获得的"获"写作"獲"，收获的"获"写作"穫"。例如：

1.获（獲）楚魏之师，举地千里。（李斯《上谏逐客书》）

2.春耕，夏耘，秋获（穫），冬藏。(晁错《论贵粟疏》)

复

复、複一律简化为"复"（旧时字典也有"復"字，但是一般古书不用）。古代"復""複"不通用："復"是现代"再"的意思，又解作恢复；"複"是重复。例如：

1. 居十日，扁鹊复（復）见。(《韩非子·喻老·扁鹊见蔡桓公》)

2. 则吾斯役之不幸，未若复（復）吾赋不幸之甚也。（柳宗元《捕蛇者说》)

3. 每字有二十余印，以备一板内有重复（複）者。(沈括《活板》)

4. 复（複）道行空，不霁何虹？（杜牧《阿房宫赋》)

第二种情况是原来两个（或三个）字保存笔画简单的一个，使它兼代笔画复杂的一个（或两个）。这里举几个例子：

余

餘、余一律写作"余"。古代"餘""余"不通用，剩余的"余"写作"餘"，当"我"讲的"余"写作"余"。例如：

1. 其余（餘），则熙熙而乐。(柳宗元《捕蛇者说》)

2. 后百余（餘）岁有孙膑。(《史记·孙子吴起列传》)

3. 余闻而愈悲。(柳宗元《捕蛇者说》)

云

雲、云一律写作"云"。古代"雲""云"不通用("云"虽是"雲"的本字,但是在古书中"云"和"雲"显然是有分别的),云雨的"云"写作"雲",当说话讲或当语气词用的"云"写作"云"。例如:

1. 旌蔽日兮敌若云(雲)。(《楚辞·国殇》)
2. 云(雲)霏霏而承宇。(《楚辞·涉江》)
3. 后世所传高僧,犹云锡飞杯渡。(黄淳耀《李龙眠画罗汉记》)
4. 尝贻余核舟一,盖大苏泛赤壁云。(魏学洢《核舟记》)

后

後、后一律写作"后"。古代"後""后"一般不通用。"後"是前后、先后的"后","后"是后妃的"后"。前后、先后的"后"有时候写作"后"(罕见);后妃的"后"绝不能写作"後"。例如:

1. 今虽死乎此,比吾乡邻之死则已后(後)矣。(柳宗元《捕蛇者说》)

2. 媪之送燕后也，持其踵为之泣。(《战国策·触詟
说赵太后》)

征

徵、征一律写作"征"。古代"徵""征"一般不通用，征
求、征召、征验的"征"写作"徵"，征伐、征途、征徭的
"征"写作"征"。征税的"征"写作"徵"，有时候也写作"征"，
但是征伐的"征"绝不写作"徵"，征求、征召、征验的"征"一
定写作"徵"，绝不写作"征"。例如：

1. 尔贡苞茅不入……寡人是征（徵）。(《左传·僖公
四年》)
2. 昭王南征而不复，寡人是问。(同上)
3. 桑柘废来犹纳税，田园荒后尚征（徵）苗。(杜荀鹤
《时世行》)
4. 任是深山更深处，也应无计避征徭。(同上)
5. 京师学者咸怪其无征（徵）。(《后汉书·张衡传》)

干

乾、幹、干一律写作"干"（不包括乾坤的"乾"）。"乾"
和"干"同音，"幹"和"干"同音不同调（"幹"去声，"干"阴
平声）。古代"乾""幹""干"不通用，"乾"是乾燥的"乾"，
"幹"是树幹、躯幹的"幹"（这个意义又写作"榦"）和才幹的

"幹"，"干"是盾牌（"干戈"二字常常连用）。例如：

1. 凡稻，旬日失水即愁旱干（乾）。（宋应星《稻》）
2. 柏虽大干（幹）如臂，无不平贴石上。（徐宏祖《游黄山记》）
3. 田园寥落干戈后，骨肉流离道路中。[①]（白居易《望月有感》[②]）

以上所述一个简体字兼代古代两个字的情况是值得特别注意的。但是大多数的情况是一个简体字替换一个繁体字。如"书"替换了"書"、"选"替换了"選"、"听"替换了"聽"等等，只要随时留心，繁体字是可以逐渐熟悉的。

（三）异体字

所谓异体字，是一个字有两种以上的写法。例如"线"字在古书中，既可以写作"綫"，又可以写作"線"；"于"字在古书中，既可以写作"于"，又可以写作"於"（严格地说，"于"和"於"是略有分别的，这里从一般的看法）。在今天，汉字简化以后，异体字也只保留一个了，如用"綫"（简作"线"）不

---

① 大意是说：战争之后，田园荒芜了，兄弟们在道路上流浪着。
② 这首诗的全名是《自河南经乱关内阻饥兄弟离散各在一处因望月有感聊书所怀寄上浮梁大兄於潜七兄乌江十五兄兼示符离及下邽弟妹》。

用"線"，用"于"不用"於"。但是我们阅读古书，还是应该认识异体字。

废除异体字，大致有两个标准：第一个标准是保留笔画较少的字，第二个标准是保留比较常见的字，这两个标准有时候发生矛盾。例如"于"字比"於"字笔画少，但是"於"字比"于"字常见。依照简化的原则，决定采用了"于"字。又如"無"字比"无"字常见，"傑"字比"杰"字常见，"淚"字比"泪"字常见（"泪"字一般只出现在小说里），"无""杰""泪"笔画较少，被保留下来，而"無""傑""淚"就废除了。

有时候，某些异体字不但笔画多，而且很少用，当然就废除了。例如：

德：惪

匆：悤

奔：犇

粗：觕 麤

梁：樑

这里不可能把所有的异体字都开列出来，只是举出一些例子，使大家注意这种现象。我们读古书的时候遇见异体字，一查字典就解决了。

（四）古字通假

通是通用，假是借用（"假"就是借的意思）。所谓古字通假，就是两个字通用，或者这个字借用为那个字的意思。古字通假常常是两个字读音相同或相近，其中一个算是"本字"，另一个算是"假借字"。例如"蚤"的本义是跳蚤，但是在《诗经》里借用为"早"（《豳风·七月》"四之日其蚤，献羔祭韭"），在早晨的意义上，"早"是本字，"蚤"是假借字。这种假借字，在上古的书籍里特别多。例如：1. "秦伯说，与郑人盟"（《左传·僖公三十年》）。"说"假借为"悦"。2. "先生不羞，乃有意欲为收责于薛乎？"（《战国策·齐策四》）"责"假借为"债"。3. "距关，毋内诸侯"（《史记·项羽本纪》）。"距"假借为"拒"，"内"假借为"纳"。4. "愿伯具言臣之不敢倍德也（同上）。"倍"假借为"背"。

古字通假的问题是很复杂的，现在先讲一个大概，以后还可以进一步研究。

六、古今字义

每一个字都有它的历史。有些字已经有几千年的历史了，例如"人"字。有些字只有几十年的历史，例如"锰"字。有些字，依字形看来，虽有几千年的历史，然而依字义看来，它却是只有几十年历史的新字。例如"叽"字虽已见于《史记》，但"哗叽"的"叽"却是一个新字，和《史记》里的"叽"字完全没有关系，它们本该是两个字，不过偶然同形而已。反过来说，有些字，依字形看来，只有几十年，甚至只有几年的历史；然而依字音和字义看来，它却已经活了几千年了。例如"唵"字，连最新出版的字典还不肯收它，可见它至多只有十余年的历史；然而它的本字是"尝"，越王勾践曾经卧薪尝胆。

这道理说来很浅，但是要辨别起来却又很难，甚至老师宿儒，都会有弄错的时候。不过，如果读书随时用心，对于古今的字义，总可以明白一个大概。

我们研究字史有什么用处呢？我先说一个小小的用处，就是对于作文有益。譬如你知道了"嚐"字是字典里不收的字，它就是俗字，你如果不喜欢俗字，就该写作"尝"；如果你提倡俗字，自然也可写作"嚐"。但是，当你学写文言文的时候，却绝对不能写作"嚐"。"卧薪尝胆"写成了"卧薪嚐胆"是最难看的。其次，我要说一个较大的用处，就是对于古书看得彻底了解。譬如你读白居易《燕子楼诗序》："尔后绝不复相闻，迨兹仅一纪矣。"这是说他和关盼盼分别之后，十二年不复知道她的消息。一纪就是十二年。但是，"仅"字应该怎么讲呢？若依它的现代意义，解作"仅仅只有十二年"，就不成话！原来唐朝的"仅"字是差不多的意思，"差不多十二年了"，才见得白居易的感慨。我们读古书，往往有些地方似懂非懂，就因为拿现代的字义去读古书。遇着罕见的字不要紧，我们知道去查字典；遇着常见的字最危险，因为我们自己以为懂了，其实是不懂，就弄错了。

末了，我要说一种更大的用处，就是辨别古书的真伪。譬如有一个字形或一个字义是同时代的书都没有的，就只这一部书有，那么，这就很可能是一部伪书，至少它是经过后代人的修改，或传抄致误的。这里我举一个极浅的例子。我手边有一部《儿女英雄传》，里面有很多"她"字，这一定是翻印这书的人改过了的，因为"她"字只有二十余年的历史，而《儿女英雄传》已经有二百余年的历史了。非但我们现在很容易明白修改的情形，就是千百年之后，精通字史的人也可以考证出来的。

字史应该分为三方面去研究，就是字音的历史、字形的历史和字义的历史。现在为了印刷的便利，我们暂时撇开字音和字形，先来叙述字义的历史。我们先拣一些极常见的字来说。字的排列是没有系统的，因为我们偶然想到哪一个字就先述哪一个字。字的历史只能是粗略的、大概的，因为这不过是一个草稿。希望将来重新排列，详细增订，再编成一部书。

（一）代

"代"就是替代（to take the place of）。它这种意义是上古就有了的。例如："天工人其代之。"（《尚书·皋陶谟》）人工替代了天工。"使子张代子良于楚"（《左传·宣公十四年》）。使子张到楚国去替代子良。同时，它如果由动词变为副词，就从替代的意义变为轮流（alternately）的意义。例如："春与秋其代序。"（《楚辞·离骚》）春天和秋天轮流着过去。"燕雁代飞"（《淮南子·地形训》）。燕和雁轮流着飞过。

所谓轮流，就是甲先替代了乙，然后乙再替代了甲。因此，替代的意义就生得出轮流的意义来。但是，替代的意义一直活到现在，而轮流的意义却不为现代一般人所了解了。

"代"字又当"朝代"（dynasty）讲。这意义也是上古就有了的。因为这一个朝代替代了那一个朝代，所以替代的意义能生出朝代的意义来。例如："周监于二代，郁郁乎文哉。"（《论语·八佾》）二代，就是夏朝和商朝。"斯民也，三代之所以直道而行也"（《论语·卫灵公》）。三代，就是夏朝、商朝和周朝。

现代咱们说的"祖孙三代""五代同堂"，其中的"代"字当"世代"（generation）讲。它这种意义却是上古所没有的。依上古的说法，应该是"祖孙三世"和"五世同堂"。例如：

> 禄之去公室，五世矣；政逮于大夫，四世矣。（《论语·季氏》）
>
> 五世其昌，并于正卿；八世之后，莫之与京。（《左传·庄公二十二年》）

秦始皇的儿子胡亥称"二世皇帝"，就是第二代的皇帝的意思；但是依当时的语言，绝不能称为"二代皇帝"。直到了唐朝，唐太宗的名字叫做李世民，于是臣子们避讳，每逢应该说"世"字的地方都说成"代"字。例如杜甫诗里说"绝代有佳人，幽居在空谷"（《佳人》），本该说成"绝世有佳人"的；汉朝蔡邕《陈太丘碑文》说"绝世超伦"，"绝世"正是绝代的意思。汉朝袁绍"四世三公"，意思是说一连四代都做三公（太尉、司徒和司空称为三公），但是王维诗里说"汉家李将军，三代将门子"（《李陵咏》），只说"三代"，不说"三世"，因为王维是唐朝人，所以必须避讳。由此看来，唐太宗以前（627年以前），世代的意义只用"世"，不用"代"，它们是有严格的分别的；唐太宗以后，直到唐亡以前（905年以前），世代的意义倒反是只用"代"字，不用"世"字；唐亡以后，直至今日，"世"字和"代"字在这种意义之下是互相通用的。但是，在现代白话里，"代"字却替代了"世"字。因避讳而引起字义的变迁，这种情形颇多，"代"字只不过是一个例子。

（二）替

"替"字当"替代"（to take the place of）讲，是唐朝以后的事。白居易诗"敢有文章替左司"（《重答刘和州》）；杜牧诗题"得替后移居雪溪馆"（《八月十二日得替后移居雪溪馆因题长句四韵》）;《唐书·杜审言传》"但恨不见替人"，这些"替"字都是替代的意思。但是，唐朝以前，似乎没有看见它有过这种意义。

唐朝以前，只有"隆替""陵替"一类的说法。"隆"是兴隆，"替"是衰微，"隆替"等于说"盛衰"，亦可说成"崇替"；至于"陵替"就等于说"陵夷"或"陵迟"（"替"和"夷""迟"恐怕只是一个字，不过写法不同就是了），也是衰微的意思。例如：

唯独居思念前世之崇替。(《国语・楚语下》)

悠悠者以足下出处，足观政之隆替。(《晋书・王羲之传》)

晋氏陵替，虚诞为风。(《梁书・武帝本纪中》)

这些"替"字好像是形容词，但它实际上是一个不及物动词（内动）。试看下面的一些例子：

于是上陵下替，能无乱乎？(《左传・昭公十八年》)

令德替矣。(《国语・鲁语上》)

君之冢嗣其替乎？(《国语・晋语三》)

风颓化替，莫相纠摄。(《晋书・慕容暐载记》)

如果再往上追溯，它还是一个及物动词（外动词），是废除、取消、罢免一类的意思。例如："子子孙孙，勿替引之。"(《诗经・小雅・楚茨》)子子孙孙〔应该继续着那样的祭祀〕，不可废除，只该引长。"不敢替上帝命"(《尚书・大诰》)。不敢废除了上帝的命令。"謇朝谇而夕替"(《楚辞・离骚》)。早上进谏，晚上就被罢免了。"荐可而替不"(《国语・晋语九》)。推荐好人，而且罢免那些不好的人。"不"读为"否"。

凡罢免一个官，总不免另外任命一个官来替代他；凡废除某一事物，也往往找另一事物来替代它。这恐怕就是"替"字从废替和陵替的意义，转变到替代的意义的原因。

（三）购

《说文》："购，以财有所求也。"拿现在的话说，就是出赏格或悬赏。例如："吾闻汉购我头千金。"（《汉书·项籍传》）我听说汉出千金的赏格要我的头。"能捕豺貀一，购钱百"（《汉律》）。能捕一只豺或一只貀，有一百钱的赏格。

和"出赏格"的意义极相近的一种意义，就是重金征求。例如："乃多以金购豨将。"（《汉书·高帝纪》）于是以重金征求陈豨的将领。

由此看来，"购"字在汉代以前，并没有买的意义。"购"和"买"有什么分别呢？"购"字带有报酬的意思，"买"只是拿货币去换取物品。"购"的东西不一定有物产的用途，而"买"的东西却一定有物产的用途（除非是譬喻的话）。拿上面的三个例子来说，"购头"和"购将"的报酬是因为被报酬的人对汉有功，"购豺貀"的报酬是因为被报酬的人为民除害，那"头"和"豺貀"并不是像猪肉和鸡、鸭一般地买来吃的，也不是像杯、盘和房屋一般地买来用或居住的。譬如近日报纸上有许多购车启事，内容是买了人家的汽车，登报声明一下。但是，若依汉代以前的人的了解，"购车"只是征求汽车，或悬赏寻觅汽车，和买车的意义相差很远。

"购"字从悬赏或重金征求的意义转化到买的意义，大概是很晚的事。我们未曾考证出是哪一个时期，但我们料想不会早到宋代以前。那么，古代用什么字表示买的意义呢？也许有人说是"贸"字，因为《诗经·卫风》有一句"抱布贸丝"的话（《氓》）。但是，"贸"字最初的意义只是交易的意思；以物易物才叫做"贸"，以钱币易物并不叫做"贸"。只有一个"市"字，才是真正以钱币易物的意思。例如："市贱鬻贵。"（《国语·齐语六》）买进来很便宜，卖出去很贵。"窃以为君市义"（《战国策·齐策四》）。我冒昧地给您买了一种义气。这种意义一直沿用到后代，例如："共入留宾驿，俱分市骏金。"（李商隐《过故崔兖海宅与崔明秀才话旧因寄旧僚杜赵李三掾》）

　　"买"字本身用于以钱币易物的意义也很早，几乎可说是和"市"字同时代。例如：

　　　　买妾不知其姓则卜之。（《礼记·曲礼上》）
　　　　郑人买其椟而还其珠。（《韩非子·外储说左上》）
　　　　马已死，买其骨五百金。（《战国策·燕策一》）

这样，"买"字用于以钱币易物的意义，比之"购"字用于这同一的意义，至少要早一千年。如果咱们译白话为文言，把"买"译为"购"，这是大错的。

（四）售

　　"售"字的历史比"购"字的历史要不清楚些。《诗经·邶风》"贾用不售"（《谷风》），普通把"售"字当作"卖出"解，这是很靠不住的。《诗经》以后，直到汉代，都没有人把"售"字用于卖出的意义。凡一种意义只有一个孤证，这意义的本身便成问题。《说文》里没有"售"字，文字学家都说"售"就是"雠"，"雠"是相当，"贾用不售"是价不相当的意思，这话大致是对的。拿现在的话说，"售"大约是还价的意思，"贾用不售"是没有人还价，或可以说没有人还相当的价（"贾"同"价"）。换句话说，就是并没有得到那应有的价值。《史记·高祖本纪》："高祖每酤，留饮酒，雠数倍。""雠数倍"就是还数倍的价钱，超过了那应得的价值。

　　"售"字在古代既没有卖的意义，那么，卖的意义在古代是用什么字表示的呢？说也奇怪，"市"字既可表示买，又可表示卖。例如："为近利，市三倍。"（《周易·说卦传》）市三倍就是卖三倍的价钱。

　　但是，一经解释，也没有什么可怪的。在中国语里，借出、借进都叫做"借"（德语同此情形，法语却分为两个字）；租出、租进也都叫做"租"（法语同此情形，德语却分为两个字）。"买""卖"虽分为两个字，但是江浙人说起来声音却差不多，也不至于混乱了意义。

　　和"市"字相似的有"沽"字和"贾"字（"沽""贾"本来是

一个字)。《论语·子罕》："求善贾而沽诸。""沽"是卖的意思。《论语·乡党》："沽酒市脯不食。""沽"是买的意思（依《经典释文》及朱注)。又有"酤"字，就只限于买酒和卖酒了。

专用于"卖"的意义者有"鬻"字(亦作"粥")。除了《国语》"市贱鬻贵"(《齐语六》)之外，还有下面的几个例子：

有鬻踊者。(《左传·昭公三年》)

鲋也鬻狱。(《左传·昭公十四年》)

君子虽贫，不粥祭器。(《礼记·曲礼下》)

马死，则使其贾粥之。(《周礼·夏官司马·巫马》)

"卖"字的出现也很早，它应该和"买"字同时代，因为它们是一对的。例如：

听卖买以质剂。(《周礼·天官冢宰·小宰》)

民卖买之。(《史记·平准书》)

楚人有卖其珠于郑者。(《韩非子·外储说左上》)

倪宽卖力于都巷。(《潜夫论·赞学》)

正像"买"字不可译为"购"，咱们把白话译为文言的时候，也不该把"卖"字译为"售"。如果要译的话，就译为"市"或"沽"，更好是译为"鬻"；但最好是不译，因为"卖"字已经够古了。

（五）爱

"爱"字用为动词，这种意义一直沿用到现在。例如：

> 心乎爱矣。（《诗经·小雅·隰桑》）
> 爱之能勿劳乎？（《论语·宪问》）
> 有与君之夫人相爱者。（《战国策·齐策三》）
> 爱亲者不敢爱于人。（《孝经》）
> 君子自爱。（《法言·君子》）

若用为名词，古代就和现代颇不相同了。古代的"爱"字有恩惠的意思，有时候可解作"好处"。例如：

> 古之遗爱也。（《左传·昭公二十年》）
> 爱施者，仁之端也。（《说苑·谈丛》）

但是，唐代以后，"爱"字用为名词者，也渐与现代相同了。例如："劝君便是酬君爱。"（元稹《张校书元夫》）"爱"字在古代另有一种意义，就是舍不得或吝啬。心爱的东西往往舍不得，这是很自然的引申："尔爱其羊，我爱其礼"（《论语·八佾》）。你舍不得那羊，我舍不得那礼。"百姓皆以王为爱也"（《孟子·梁惠王上》）。人民都以为您是舍不得那牛。"甚爱必大费"（《老子》第四十四章）。太吝啬了，结果一定弄到大大的破财。

由这一种意义再引申，"爱死"也就是"舍不得死"。例如："臣之不敢爱死，为两君之在此堂也。"（《左传·成公三年》）这舍不得或吝啬的意义，到了六朝以后，就成为死义了。

（六）怜

"怜"字，在汉以前的古书中不大看见，《说文》："怜，哀也。"《尔雅·释训》："矜、怜，抚掩之也。"这好像就是现代"可怜"的意思；但这种说法是靠不住的，因为汉以前的古书里没有实际的用途可作证明。关于可怜的意义，古代只用"哀"字或"矜"字。

《方言》云："亟、怜、恔，爱也。"又云："怜，爱也。"《尔雅·释诂》也云："怜，爱也。"这大约才是"怜"字的最初意义。"怜"的意义近于"爱"，比"爱"的意义轻些，于是又近于现代所谓"喜欢"。例如："我见犹怜，何况老奴？"（《世说新语·贤媛》注引《妒记》）这种怜爱的意义一直沿用到宋代以后的诗歌。例如："幽花色可怜。"（刘敞《临雨亭》）幽花色可爱。"山里风光亦可怜"（王禹偁《寒食》）。山里风光亦可爱。

但是，凡人爱或喜欢一个人或一样东西，如果那人或那样东西受了损害，就会生出怜惜或怜悯的心理，因此，"怜"字由爱或喜欢的意义很快地就转到惜或悯的意义上来。例如：

愁容镜亦怜。（刘长卿《赴南巴书情寄友人》）

扪襟还自怜。(李白《郢门秋怀》)

可怜冲雨客,来访阻风人。(白居易《风雨中寻李十一》)

可怜无定河边骨,犹是春闺梦里人。(陈陶《陇西行》)

总之,"怜"字的历史颇短,大约它产生于汉代的方言中,到六朝以前才被大量地应用的。

(七)勤

"勤"字在古代是"劳"的意思,它和"劳"微有不同。"勤"等于现代所谓"辛苦",有时候又等于现代所谓"忙"(古代没有"忙"字)。"辛苦"和"劳"差不多;"忙"和"劳"就颇有分别了。例如:"四体不勤。"(《论语·微子》)四肢不劳动。"肩荷负担之勤也"(《淮南子·氾论训》)。肩荷负担的辛苦。

一直到唐宋以后,还沿用着这一种意义,例如:"惟天地之无穷兮,哀生人之常勤。"(李翱《拜禹歌》)"常勤"就是永远忙碌和辛苦。"凡民之事,以身劳之,则虽勤不怨"(朱熹《论语集注》卷7《子路》)。"虽勤不怨",就是虽然辛苦也不怨恨的意思。

由此看来,古代的"勤"字并没有现代努力的意思。那么,古代用什么字表示努力呢?关于这个意义,古人多从反面说,如"无逸""不懈""不倦"等。如果从正面说,就用"敬"字

（《说文》"惰，不敬也"，可见惰的反面是敬）、"敏"字（《论语》"敏于事而慎于言"[《学而》]，朱注"敏于事者勉其所不足"），或"勉"字。其中要算"勉"字为较常见，或作"黾勉"。例如：

> 尔其勉之。《左传·昭公二十年》）
> 丧事不敢不勉。(《论语·子罕》)
> 黾勉从事。(《诗经·小雅·十月之交》)
> 黾勉就善谓之慎，反慎为怠。(《贾子·道术》)

这最后一例"黾勉"和"怠"对称，可见"黾勉"就是现代所谓"勤"。

"勤"字由劳的意义引申，为王效劳叫做"勤王"，为民尽力叫做"勤民"；又由内动词转为外动词，使人辛苦也叫做"勤"。

直到唐宋以后，"勤"字有时候用作副词，才表示事情的多做或常做。事情多做了就辛苦，就忙，所以也是很自然的转化义。例如：

> 鼎罢调梅久，门看种药勤。(刘长卿《秋日夏口涉汉阳》)
> 个中勤著语，老耳欲闻《韶》。(周孚《赠萧光祖》)

这样，"勤学"或"勤读"就是多多读书。至于"勤"字用作形容词，例如"勤""俭"并称，这是演化的最后阶段，和最初的意义就差得颇远了。

（八）劝

"劝"字最初是奋勉的意义。故《说文》云："劝，勉也。"（《力部》）行政能感化人，人民自知奋勉，就是劝。例如：

> 举善而教不能，则劝。（《论语·为政》）
> （上德）不赏而民劝。（《吕氏春秋·离俗览·上德》）

由内动词转化为外动词，"劝"字就由奋勉而变为勉励的意义。故《广韵》云："劝，奖勉也。"例如：

> 劝农之道未备。（《史记·孝文本纪》）
> （孟夏）劳农劝民。（《吕氏春秋·孟夏纪》）

劝做善事才叫做劝，故《荀子》有《劝学》篇。现代语里，例如说"劝他到上海去"，这在汉以前不叫做"劝"；"劝他做贼"，在汉以前更不叫做"劝"。这种后起的意义，大约到了唐代才有的。例如：

> 劝君更尽一杯酒，西出阳关无故人。（王维《渭城曲》）

诗听越客吟何苦，酒被吴娃劝不休。(白居易《城上夜宴》)

这并不是勉励，只是委婉地叫人家做某一件事而已。

七、古代汉语的词汇

词汇是一种语言里全部的词。在汉语里，一个一个的词合起来构成汉语的词汇。我们学习古代汉语，词汇占着极其重要的地位。如果掌握了古代汉语词汇，就可以算是基本上掌握了古代汉语，因为古今语法的差别不大，古今语音的差别虽大，但是不懂古音也可以读懂古书。唯有古代汉语的词汇，同现代汉语的词汇差别相当大，非彻底了解不可。下面分为四个问题来谈：古今词义的差别；读音和词义的关系；用典；礼貌的称呼。

（一）古今词义的差别

古代的词义，有些是直到今天没有变化的，例如"人""手""大""小""飞"等。有些则是起了变化的，虽然变化不大，毕竟古今不同，如果依照现代语来理解，那就陷于错误。我们读古代汉语，不怕陌生的字，而怕熟字。对于陌生的字，我们可以查字典来解决；至于熟字，我们就容易忽略过去，似懂非懂，容易弄错。现在举些例子来说明古今词义的不同。

兵

今天的"兵"指人，上古的"兵"一般指武器,《楚辞·国殇》："车错毂兮短兵接。"后代也沿用这个意义，如"短兵相接"，但是也像现代一样可以指人了。

盗

今天的"盗"指强盗，上古的"盗"指偷（今天还有"盗窃"一词),《荀子·修身》："窃货曰盗。"后代也像现代一样可以指强盗了，如"俘囚为盗耳"（司马光《李愬雪夜入蔡州》，见《资治通鉴》卷240《唐纪五十六》)。

走

今天的"走"指行路，古代的"走"指跑，如"扁鹊望桓侯而还走"（《韩非子·喻老·扁鹊见蔡桓公》)。注意：即使到了后代，"走"字有时也只指跑，不指行路，如"走马看花"。现在广东人说"走"，也还是跑的意思。

去

古人所谓"去"，指的是离开某一个地方或某人。如《诗经·魏风·硕鼠》："逝将去女，适彼乐土。""去女"应该理解为"离开你"。又如范仲淹《岳阳楼记》："则有去国怀乡，忧谗畏讥。""去国"应该理解为"离开国都"。又如《史记·孙子吴起列传》："魏将庞涓闻之，去韩而归。"古书上常说"去晋""去齐"，应该理解为"离开晋国""离开齐国"，而不是"到晋国去""到齐国去"（意思正相反）。这是特别值得注意的。

把

古人所谓"把"，指的是握住或拿着，如"手把文书口称敕"（白居易《卖炭翁》）。今天我们仅在说"把住舵""紧紧把住冲锋枪"一类情况下，还保存着古代这种意义。

江

古人所谓"江"，专指长江，如"楚人有涉江者"（《吕氏春秋·慎大览·察今·刻舟求剑》）。

河

古人所谓"河"，专指黄河，如"为治斋宫河上"（《史记·滑稽列传·西门豹治邺》）。"江""河"二字连用时，指长江和黄河，如"假舟楫者，非能水也，而绝江河"（《荀子·劝学》）。

无虑

古代有副词"无虑"，不是无忧无虑的意思，而是总有、约有（指数量）的意思。如"所击杀者无虑百十人"（徐珂《清稗类钞》第2册《战事类·冯婉贞胜英人于谢庄》）。

再

上古"再"字只表示两次，超过两次就不能说"再"。如"五年再会"，意思是五年之间集会两次（不是五年之后再集会一次）；又如"再战再胜"，意思是打两次仗，一连两次获胜（不是再打一次仗，再胜一次）。《史记·孙子吴起列传》："田忌一不胜而再胜。"是说田忌赛马三场，输了一场，赢了两场。唐宋以后，"再"字也有像现代语一样讲的，如"用讫再火，令药熔"（沈括《活板》）。

但

古代"但"不当"但是"讲，而只当"只"讲，如"不闻爷娘唤女声，但闻黄河流水鸣溅溅"（《木兰诗》）。又如"见其发矢十中八九，但微颔之"（欧阳修《卖油翁》）。又如"无他，但手熟尔"（同上）。蒲松龄《促织》："但欲求死。"这是没有例外的。如果我们在古书中看见"但"字时解释为"但是"，那就错了。

因

今天"因"字解释为因为，古代"因"字解释为于是，意义大不相同，值得注意。《史记·孙子吴起列传》："齐因乘胜尽破其军。"应解释为"齐人于是乘胜大破庞涓的军"。《廉颇蔺相如列传》："相如因持璧却立倚柱。"应解释为"蔺相如于是持璧，却立倚柱"。柳宗元《黔之驴》："虎因喜。"应解释为"于是老虎高兴了"。如果把这些"因"字解作"因为"，那就大错。欧阳修《卖油翁》的"因曰"，也应该解释为"于是他说"或"接着就说"，而不是解释为"因为他说"。这是沿用上古的意义。但是唐宋以后，有时候"因"字也当"因为"讲，如"夫因兵死守蓬茅"《杜荀鹤《时世行》)。那又需要区别看待了。

亡

"亡"的本义是逃亡，本写作凸，从人，从∟("∟"即"隐"字)，会意。这是说，逃亡的人走进隐蔽的地方。上古时代，"亡"不当死讲，《史记·陈涉世家》："今亡亦死，举大计亦死。"《廉颇蔺相如列传》："臣尝有罪，窃计欲亡走燕。"又："从径道亡，归璧于赵。"

好

"好"的本义是女子貌美，所以"好"字从女子，会意。《史记·滑稽列传·西门豹治邺》："巫行视小家女好者，云是当为河伯妇。"又："是女子不好。"《战国策·赵策三》："鬼侯有子而好，故入之于纣。""子"这里指女儿。古诗《陌上桑》："秦氏有好女，自名为罗敷。"

以上所讲，是把古代汉语译成现代汉语来讲的。我们也可以反过来做，假定现代汉语里有某一个词，译成古代汉语，应该是什么词呢？那也是很有趣的。让我们举出一些例子来看。

找

上古不说"找"，而说"求"。《吕氏春秋·刻舟求剑》："舟止，从其所契者入水求之。"(《慎大览·察今》)《史记·廉颇

蔺相如列传》：“求人可使报秦者。”《西门豹治邺》：“求三老
而问之。”（《史记·滑稽列传》）

放

安放的“放”，古人不说“放”，而说“置”。如《韩非子·郑
人买履》：“先自度其足，而置之其坐。”（《外储说左上》）

放下

把本来拿着或挑着的东西放下来，古人叫“释”。如“有卖
油翁释担而立睨之”（欧阳修《卖油翁》）。

换

古人不说“换”，而说“易”。如“秦王以十五城请易寡人
之璧”（《史记·廉颇蔺相如列传》）。

拉

古人不说“拉”，而说“曳”。如“又夹百千求救声，曳屋
许许声”（林嗣环《口技》）。

睡着

古人叫“寐”。如“守门卒方熟寐”（司马光《资治通鉴》卷
240《唐纪五十六·李愬雪夜入蔡州》）。

醒

在上古汉语里，睡醒叫“觉”（又叫“寤”），酒醒叫“醒”，
“觉”和“醒”本来是有分别的。古书中所谓“睡觉”，也就是
睡醒，不是现代语的“睡觉”。如“妇人惊觉欠伸”（林嗣环
《口技》），其中的“觉”字沿用了上古的意义。《口技》同时用
“醒”字（“丈夫亦醒”“又一大儿醒”），那是古今词义杂用的

例子。

正在

古代汉语说"方"。如"守门卒方熟寐"（司马光《资治通鉴》卷240《唐纪五十六·李愬雪夜入蔡州》）。

有人

古代在不肯定是谁的时候，用一个"或"字，等于现代语的"有人"。如"或告元济曰"（司马光《资治通鉴》卷240《唐纪五十六·李愬雪夜入蔡州》）。又如苏轼《石钟山记》："或曰：'此鹳鹤也。'"

过了一会儿

古代汉语最常见的说法是"既而"（又说"已而"）。如"既而儿醒，大啼"（林嗣环《口技》）；又如"既而渐近，则玉城雪岭际天而来"（周密《武林旧事》卷3《观潮》）。

差点儿

古代汉语说"几"。如"几欲先走"（林嗣环《口技》）。

一点儿也不

古代汉语说"略不"。如"人物略不相睹"（周密《武林旧事》卷3《观潮》）；又如"而旗尾略不沾湿"（同上）。

本来

古代汉语说"固"。如"我固知齐军怯"（《史记·孙子吴起列传》）。

但是

古人说"然"。如"人人自以为必死，然畏愬，莫敢违"

（司马光《资治通鉴》卷240《唐纪五十六·李愬雪夜入蔡州》）。

罢了

古人说"耳"（"尔"）或"而已"。如"俘虏为盗耳"（司马光《资治通鉴》卷240《唐纪五十六·李愬雪夜入蔡州》）。又如"无他，但手熟尔"（欧阳修《卖油翁》）。又如"一桌、一椅、一扇、一抚尺而已"（林嗣环《口技》）。

由此看来，古今词义的差别是很大的，我们不能粗心大意。如果我们把古书中的"走"看作今天普通话的"走"，把古书中的"睡觉"看作现代语的"睡觉"，等等，那就误解了古书。这是初学古代汉语的人应该注意的一件事。

（二）读音和词义的关系

一个字往往有几种意义。有时候，意义不同，读音也跟着不同。在现代汉语里，已经有这种情况；在古代汉语里，这种情况更多些。下面举出一些例子来看（其中比较常见的一种读音和意义就不讲了，因为大家都知道了）：

长

长幼、首长的"长"，应读zhǎng。如"长幼有序"（《荀子·君子》）；又如"推为长"（徐珂《清稗类钞》第2册《战事类·冯婉贞胜英人于谢庄》）。

少

年轻的意义，应读shào。如"丈夫亦爱怜其少子乎"（《战国策·赵策四·触詟说赵太后》)。

中

射中、击中的"中"，应读zhòng。如"见其发矢十中八九"（欧阳修《卖油翁》)。

间

用作动词，表示夹在中间或夹杂着的意义时，应读jiàn。如"中间力拉崩倒之声，火爆声，呼呼风声，百千齐作"（林嗣环《口技》)。

横

用作横暴、横逆的意义时，读hèng。如"义兴人谓为三横"（刘义庆《世说新语·自新·周处》)。

奇

用来表示零数的意义时，读jī。如"舟首尾长约八分有奇"（魏学洢《核舟记》)。

好

表示喜欢的意义时，读hào。如"医之好治不病以为功"（《韩非子·喻老·扁鹊见蔡桓公》)。"好为《梁父吟》"（《三国志·蜀志·诸葛亮传·隆中对》)；又如"好古文"（韩愈《师说》),"有好事者船载以入"（《柳宗元《黔之驴》)。

属

古书中"属"字往往有"嘱"的意思，也就读zhǔ。如"属予作文以记之"（范仲淹《岳阳楼记》)。

汗

可汗的汗，读hán。如"昨夜见军帖，可汗大点兵"（《木兰诗》）。

骑

用作名词时，旧读jì，当"骑兵"或"骑马的人"讲。如"翩翩两骑来是谁"（白居易《卖炭翁》）。

咽

用来表示低微的哭声时，读yè。如"夜久语声绝，如闻泣幽咽"（杜甫《石壕吏》）。用来表示咽喉时读yān。

亡

用作"无"字时，读wú。如"河曲智叟亡以应"（《列子·汤问·愚公移山》）。

度

解作测量时，读duó。如"先自度其足"（《韩非子·外储说左·郑人买履》）；又如"度简子之去远"（马中锡《中山狼传》）。

说

解作游说时，读shuì。如"说齐使"（《史记·孙子吴起列传》）；解作喜悦时读yuè，同"悦"（见上文）。

数

解作屡次时，读shuò。如"扶苏以数谏故，上使外将兵"（《史记·陈涉世家》）；又如"几死者数矣"（柳宗元《捕蛇者说》）。

号

用作动词，解作叫喊或大声哭的意义时，读háo。如"谁之永号"（《诗经·魏风·硕鼠》）。又如"阴风怒号"（范仲淹《岳阳楼记》）。

旋

用作副词时，读xuàn。如"旋斫生柴带叶烧"（杜荀鹤《时世行》）；又如"旋见一白酋督印度卒约百人（徐珂《清稗类钞》第2册《战事类·冯婉贞胜英人于谢庄》）。

将

用作名词时，读jiàng。如"王侯将相宁有种乎"（《史记·陈涉世家》）；又如"于是乃以田忌为将"（《史记·孙子吴起列传》）。用作动词时，如果当率领讲，也读作jiàng。如"自将三千人为中军"（司马光《资治通鉴》卷240《唐纪五十六·李愬雪夜入蔡州》）。

几

解作差点儿的"几"字，读jī。如"几欲先走"（林嗣环《口技》）；又如"几死者数矣"（柳宗元《捕蛇者说》）。

予

当"我"讲的"予"，读yú。如"瞻予马首可也"（徐珂《清稗类钞》第2册《战事类·冯婉贞胜英人于谢庄》）。当"给"讲的"予"，读yǔ。

由上所述，可见在大多数情况下，一字两读只是声调的差异。例如：多少的"少"读shǎo（上声），老少的"少"读

shào（去声）；中央的"中"读zhōng（阴平），射中的"中"读
zhòng（去声）；横直的"横"读héng（阳平），横暴的"横"读
hèng（去声），等等。除了声调不同之外，声母、韵母完全相
同。但也有少数情况是声母不同的，如长短的"长"读cháng，
长幼的"长"读zhǎng。或者是韵母不同的，如制度的"度"读
dù，测度的"度"读duó。或者是声母、韵母都不同的，如解
说的"说"读shuō，喜悦的"说"读yuè（这些字在声调上有同
有不同）。

有些字，同一个意义也可以两读。例如观看的"看"，既
可以读阴平，也可以读去声。今天我们把"看"字读去声，但
是读古典诗词的时候，为了格律的需要，有时候也还该读成阴
平。如杜甫《春夜喜雨》："晓看红湿处，花重锦官城。"又如苏
轼《题西林壁》："横看成岭侧成峰，远近高低各不同。"其中
"看"字都该读kān。毛主席《菩萨蛮》（大柏地）："装点此
关山，今朝更好看。"其中"看"字也该读kān。这和词义无关，
但是和一字两读有关，所以附带讲一讲。

（三）用典

用典，就是运用古书中的话（典故）。作者常常不明说是
用典，但是读者如果古书读多了，就懂得他是用典。有时候，
我们必须懂得那个典故，然后才能了解句子的意思。现在举出
一些例子，并加以说明：

并驱

《诗经·齐风·还》："并驱从两狼兮。"蒲松龄《狼》："骨已尽矣，而两狼之并驱如故。"按：《诗经》原意是两人并驱，追赶两狼。蒲松龄活用这个典故，说成"两狼并驱"。

马首是瞻

《左传·襄公十四年》："荀偃令曰：'鸡鸣而驾，塞井夷灶，唯余马首是瞻。'"意思是说，你们看着我的马头的方向，跟着我去战斗。徐珂《冯婉贞》："诸君而有意，瞻予马首可也。"（《清稗类钞》第2册《战事类》）按：这也是活用典故，那时冯婉贞并没有骑马。

修门

《楚辞·招魂》："魂兮归来，入修门些。"修门，指楚国首都郢的城门。文天祥《指南录后序》："时北兵已迫修门外。"这里文天祥指的是南宋临时首都临安的城门。

下逐客令

李斯《谏逐客书》："臣闻吏议逐客，窃以为过矣。"《史记·李斯列传》："秦王乃除逐客之令，复李斯官。"文天祥《指南录后序》："留二日，维阳帅下逐客之令。"这里文天祥活用秦始皇下逐客令的故事，指维阳帅李庭芝不能相容，下令要杀他。

号呼靡及

《诗经·大雅·荡》："式号式呼。"《小雅·皇皇者华》："骎骎征夫，每怀靡及。"文天祥《指南录后序》："天高地迥，号呼靡及。"

乌号、肃慎

《淮南子·原道训》："射者扞乌号之弓。"《国语·鲁语下》："武王克商，通道于九夷百蛮，于是肃慎氏贡楛矢石砮。"马中锡《中山狼传》："授乌号之弓，挟肃慎之矢。"

处囊脱颖

《史记·平原君虞卿列传》："毛遂曰：'臣乃今日请处囊中耳。使遂蚤得处囊中，乃颖脱而出，非特其末见而已。'"马中锡《中山狼传》："今日之事，何不使我得早处囊中，以苟延残喘乎？异时倘得脱颖而出，先生之恩，生死而肉骨也。"按：这里马中锡活用毛遂自荐的故事。"使我得早处囊中"，指东郭先生让狼躲进口袋里；"脱颖而出"，指赵简子走后，狼从口袋里出来。

生死肉骨

《左传·襄公二十二年》："吾见申叔夫子，所谓生死而肉骨也。"注："已死复生，白骨更肉。"马中锡《中山狼传》用了这个典故，见上条。

跋胡疐尾

《诗经·豳风·狼跋》："狼跋其胡，载疐其尾。"马中锡《中山狼传》："前虞跋胡，后恐疐尾。"

猬缩蠖屈、蛇盘龟息

皮日休《吴中苦雨》："如何乡里辈，见之乃猬缩！"《周易·系辞下》："尺蠖之屈，以求信（伸）也。"《后汉书·孝

安帝纪》："又有蛇盘于床第之间。"《抱朴子》："粮尽，见冢
角一物，伸颈吞气。试效之，辄不复饥。乃大龟尔。"(《内
篇·对俗》)马中锡《中山狼传》："猬缩蠖屈，蛇盘龟息。"

多歧亡羊

《列子·说符》："杨子之邻人亡羊，既率其党，又请杨子
之竖追之。杨子曰：'嘻！亡一羊，何追者之众？'邻人曰：
'多歧路。'既反，问：'获羊乎？'曰：'亡之矣。'曰：'奚亡
之？'曰：'歧路之中又有歧焉，吾不知所之，所以反也。'
心都子曰：'大道以多歧亡羊，学者以多方丧生。'"马中锡《中
山狼传》："然尝闻之，大道以多歧亡羊。"按：这是引用《列
子》原文，所以说"尝闻之"。

守株、缘木

《韩非子·五蠹》："宋人有耕者。田中有株，兔走触株，
折颈而死。因释其末而守株，冀复得兔。兔不可复得，而身为
宋国笑。"《孟子·梁惠王上》："以若所为，求若所欲，犹缘
木而求鱼也。"马中锡《中山狼传》："乃区区循大道以求之，不
几于守株缘木乎？"按：这是"守株待兔、缘木求鱼"两个成
语的结合。

古书用典的地方很不少。在中学语文课本里，为了照顾中
学水平，不选典故太多的文章。将来如果接触古书，还会遇见
许多典故。应该体会到：大多数典故都是活用的，如果死抠字
眼，那就讲不通了。

（四）礼貌的称呼

在现代汉语里，人称代词"您"（nín）是一种礼貌的称呼。在古代汉语里，由于封建社会等级制度的关系，礼貌的称呼规定得很严，而且比现代汉语里的礼貌称呼多得多。第一人称用谦称，第二人称和第三人称用敬称。现在分别加以叙述：

1.第一人称

第一人称就是说话人自称。在古代汉语里，第一人称代词有"吾""我""余""予"等。但是，说话人对于尊辈或平辈常常用谦称。

对君自称为"臣"。如"今在骨髓，臣是以无请也"（《韩非子·喻老·扁鹊见蔡桓公》）。在上古时代，对尊辈或平辈，也可以自称为"臣"。如"君弟重射，臣能令君胜"（《史记·孙子吴起列传》）。汉代以后，也自称为"鄙人"。如"鄙人不慧，将有志于世"（马中锡《中山狼传》）。

对尊辈或平辈自称其名。如"夫以秦王之威，而相如廷叱之"（《史记·廉颇蔺相如列传》）。有时候，写作"某"，其实也是自称其名。如"某启"（王安石《答司马谏议书》）。正式写信，实际上还是写本名的，只是在起草的时候，为了省事，可以用"某"代本名。因此，王安石《答司马谏议书》中的"某启"，实际上就是"安石启"。下文还有四个"某"，都是"安石"的意思。

君对臣，自称"寡人"，这是春秋战国时代的称呼。如"寡人无疾"（《韩非子·喻老·扁鹊见蔡桓公》）。又自称"孤"，这是战国以后的称呼。如"孤不度德量力"（《三国志·蜀志·诸葛亮传·隆中对》）。

2. 第二人称

第二人称就是说话人称呼对话人。在古代汉语里，第二人称代词有"汝""尔"。但是，在表示尊敬或客气的时候，第二人称常常改用敬称。

臣对君，称"君"（春秋时代），称"王"或"大王"（战国时代及后代）。如"君有疾在腠理"（《韩非子·喻老·扁鹊见蔡桓公》）。又如"五步之内，相如请得以颈血溅大王矣"（《史记·廉颇蔺相如列传》）。又称皇帝为"陛下"。如《史记·淮阴侯列传》"陛下不能将兵，而善将将"（您不会统率士兵，但是您很会统率将军）。

对一般人表示客气，称"子"。如《诗经·郑风·褰裳》："子不我思，岂无他人？"也称"君"。如《三国志·隆中对》："君谓计将安出？"（《蜀志·诸葛亮传》）又称"足下"。如《史记·陈涉世家》："足下事皆成。"又称"公"。如《陈涉世家》："公等遇雨。"

对有爵位的人，称他的爵位。如《三国志·隆中对》："将军身率益州之众出于秦川，百姓孰敢不箪食壶浆以迎将军者乎？"（《蜀志·诸葛亮传》）又如《史记·廉颇蔺相如列传》："鄙贱之人，不知将军宽之至此也。"

对长者，称"先生"。马中锡《中山狼传》："先生岂有志于济物哉？"

对朋友，称其字。古人有名有字，如司马光名光，字君实；王安石名安石，字介甫。尊辈对卑辈，可以直呼其名，如果对平辈，就该称其字，才算有礼貌。如王安石《答司马谏议书》："重念蒙君实视遇厚，于反复不宜卤莽，故今具道所以，冀君实或见恕也。"

3. 第三人称

第三人称是说话人同对话人说起的另一个人或另一些人。在古代汉语里，第三人称代词是"其""之"等。第三人称也有敬称，这种敬称一般就是那人的身份。如《史记·廉颇蔺相如列传》："公之视廉将军孰与秦王？"

以上所述，只是比较常见的谦称和敬称。此外还有许多谦称和敬称，这里不详细讲了。

八、古代汉语的语法

语法，指的是语言的结构方式。就汉语来说，主要是讲词与词的关系、虚词的用法、句子的结构。在本章里，我们着重讲古代语法与现代语法不同的地方。我们打算分十节来讲：词类、词性的变换；词序；虚词；单、复数；句子成分；句子的构成——判断句；句子的构成——倒装句；句子的词组化；双宾语；省略。

（一）词类、词性的变换

古代汉语的词类，跟现代汉语的词类大致相同：总共可以分成十一类（关于词类，这里的说法和我主编的《古代汉语》略有不同，因为这里要与中学《语文》课本的说法取得一致），即名词、动词、形容词、数词、量词、代词、副词、介词、连词、助词、叹词。现在分别加以叙述：

1.名词

表示人或事物的名称的词，叫做名词。例如：

其剑自舟中坠于水。（《吕氏春秋·慎大览·察今·刻舟求剑》）

黔无驴，有好事者船载以入。（柳宗元《黔之驴》）

时大风雪，旌旗裂。（司马光《资治通鉴》卷240《唐纪五十六·李愬雪夜入蔡州》）

2.动词

表示人或事物的动作、行为、发展变化的词，叫做动词。例如：

一屠晚归，担中肉尽。（蒲松龄《狼》）

木兰当户织。（《木兰诗》）

谍报敌骑至。（徐珂《清稗类钞》第2册《战事类·冯婉

贞胜英人于谢庄》)

在现代汉语里，动词下面还有三个附类：a.判断词，即
"是"字；b.能愿动词，即"能够""会""可以""应该"
"肯""敢"等；c.趋向动词，即"走来"的"来"、"放下"的"下"、
"跳下去"的"下去"等。判断词和趋向动词在古代汉语里都是少
见的(参看下文第三节)，能愿动词则是常见的。例如：

以君之力，曾不能损魁父之丘。(《列子·汤问·愚公
移山》)
郑人有欲买履者。(《韩非子·外储说左·郑人买履》)
尔安敢轻吾射！(欧阳修《卖油翁》)

3.形容词
表示人或事物的形状、性质的词，表示动作、行为、发展
变化的状态的词，叫做形容词。例如：

寒暑易节。(《列子·汤问·愚公移山》)
肉食者鄙，未能远谋。(《左传·庄公十年·曹刿论
战》)
将军身被坚执锐，伐无道，诛暴秦。(《史记·陈涉世
家》)

4. 数词

表示数目的词叫做数词。例如：

而戍死者固十六七。(《史记·陈涉世家》)

一桌、一椅、一扇、一抚尺而已。(林嗣环《口技》)

策勋十二转，赏赐百千强。(《木兰诗》)

5. 量词

表示人或事物的单位的词，表示动作、行为的单位的词，叫做量词。例如：

距圆明园十里，有村曰谢庄。(徐珂《清稗类钞》第2册《战事类·冯婉贞胜英人于谢庄》)

欲穷千里目，更上一层楼。(王之涣《登鹳雀楼》)

军书十二卷，卷卷有爷名。(《木兰诗》)

孤帆一片日边来。(李白《望天门山》)

量词还可以细分为两种：一种是度、量、衡的单位和其他规定的单位。如"亩""卷"等；另一种是天然单位。如"匹""张"等。在现代汉语里，表示天然单位时，数词很少与名词直接组合，一般总有量词作为中介；在古代汉语里，表示天然单位时，数词经常与名词直接组合，不需要量词作为中介。例如"一桌""一椅""一扇""一抚尺"，并不说成"一张桌""一把椅""一把扇""一把抚尺"。

　　量词又可以分为名量词、动量词。名量词是"个""只""张""把"等，动量词是"次""趟""回""下"等。在古代汉语里，不但名量词是罕用的，动量词也是罕用的。夏禹治水，"三过其门而不入"，不说"过三次"。又如：

　　　　齐人三鼓。(《左传·庄公十年·曹刿论战》)
　　　　于是秦王不怿，为一击缶。(《史记·廉颇蔺相如列传》)
　　　　客莆田徐生为予三致其种。(徐光启《甘薯疏序》)

6. 代词

　　代替名词、动词、形容词或数量词的词，叫做代词。例如：

　　　　会长老，问之民所疾苦。(褚少孙《西门豹治邺》)
　　　　方欲行，转视积薪后，一狼洞其中，意将隧入以攻其后也。(蒲松龄《狼》)
　　　　余幼好此奇服兮。(《楚辞·涉江》)
　　　　余将告于莅事者，更若役，复若赋，则何如？(柳宗元《捕蛇者说》)
　　　　谁可使者？(《史记·廉颇蔺相如列传》)
　　　　吾终当有以活汝。(马中锡《中山狼传》)

7. 副词

有一类词，经常用在动词或形容词的前面，表示程度、范围、时间等等，这类词叫做副词。例如：

> 度已失期。(《史记·陈涉世家》)
>
> 陈胜、吴广乃谋曰。(同上)
>
> 尉果笞广。(同上)
>
> 皆指目陈胜。(同上)
>
> 吴广素爱人。(同上)
>
> 膑亦孙武之后世子孙也。孙膑尝与庞涓俱学兵法。庞涓既事魏，得为惠王将军。(《史记·孙子吴起列传》)
>
> 于是宾客无不变色离席，奋袖出臂，两股战战，几欲先走。(林嗣环《口技》)

8. 介词

有一类词，同它后面的名词、代词等组合起来，经常用在动词、形容词的前面或后面，表示处所、方向、时间、对象等等，这类词叫做介词。例如：

> 何不试之以足？(《韩非子·外储说左·郑人买履》)
>
> 生乎吾后，其闻道也，亦先乎吾。(韩愈《师说》)
>
> 叫嚣乎东西，隳突乎南北。(柳宗元《捕蛇者说》)
>
> 乃取一葫芦置于地。(欧阳修《卖油翁》)

9. 连词

把两个词或两个比词大的单位连接起来的词，叫做连词。例如：

> 与王及诸公子逐射千金。(《史记·孙子吴起列传》)
> 既驰三辈毕，而田忌一不胜而再胜。(同上)
> 于其身也，则耻师焉。(韩愈《师说》)
> 居庙堂之高则忧其民；处江湖之远则忧其君。(范仲淹《岳阳楼记》)

10. 助词

助词附着在一个词、一个词组或一个句子上，起辅助作用。在现代汉语里，助词可以分为三类：(1)结构助词。如"的"；(2)时态助词。如"着""了""过"；(3)语气助词。如"啊""吗""呢""吧"。古代汉语文言文里，时态助词非常罕见(上古汉语没有时态助词)，常见的只有结构助词和语气助词。例如：

> 遂率子孙荷担者三夫。(《列子·汤问·愚公移山》)
> 自此，冀之南，汉之阴，无陇断焉。(同上)
> 诸将请所之。(司马光《资治通鉴》卷240《唐纪五十六·李愬雪夜入蔡州》)

以上是结构助词。

> 虎见之，庞然大物也。（柳宗元《黔之驴》）
>
> 今虽死乎此，比吾乡邻之死则已后矣。（柳宗元《捕蛇者说》）

以上是语气助词。

11. 叹词

表示感叹或呼唤应答的声音的词，叫做叹词。例如：

> 嗟乎，燕雀安知鸿鹄之志哉！（《史记·陈涉世家》）
>
> 嘻，技亦灵怪矣哉！（魏学洢《核舟记》）

以上十一类词可以合成两大类，即实词和虚词。能够单独用来回答问题、有比较实在的意义的词叫做实词；不能单独用来回答问题，也没有实在的意义，但是有帮助造句作用的词叫做虚词。一般以名词、动词、形容词、数词、量词、代词为实词，副词、介词、连词、助词、叹词为虚词。但是代词所指人或事物是不固定的（"他"可以指张三，也可以指李四），在古代汉语里，许多代词都不能单独用来回答问题（如"其""之"），所以从前的语法学家把代词归入虚词一类。下节讲虚词时，我们也是把代词归入虚词的。

词入句子以后，性质可以改变，如名词变动词、形容词变动词等等，这叫做词性的变换。现在拣古代汉语里与现代汉语不同的三种词性变换提出来讲一讲：

（1）名词变动词

事物和行为发生某种关系，古人以事物的名称表示某种行为，于是名词变了动词。例如：

> 石之铿然有声者，所在皆是也，而此独以钟名，何哉？（苏轼《石钟山记》）
>
> 人有百口，口有百舌，不能名其一处也。（林嗣环《口技》）
>
> 虎不胜怒，蹄之。（柳宗元《黔之驴》）
>
> 皆指目陈胜。（《史记·陈涉世家》）
>
> 乃钻火烛之。（《史记·孙子吴起列传》）
>
> 假舟楫者，非能水也，而绝江河。（《荀子·劝学》）
>
> 孔子师郯子、苌弘、师襄、老聃。（韩愈《师说》）
>
> 齐威王欲将孙膑。（《史记·孙子吴起列传》）
>
> 公将鼓之。（《左传·庄公十年·曹刿论战》）
>
> 策蹇驴，囊图书。（马中锡《中山狼传》）
>
> 先生之恩，生死而肉骨也。（同上）
>
> 大喜，笼归。（蒲松龄《促织》）

（2）形容词变动词

这又可以分为两种情况：第一种是使某物变成某种状况，

叫做使动；第二种是把事物看成某种状况，叫做意动。

使动的例子：

敌人远我，欲以火器困我也。(徐珂《清稗类钞》第2册《战事类·冯婉贞胜英人于谢庄》)

远我，是使我距离远。

吾所以为此者，以先国家之急而后私仇也。(《史记·廉颇蔺相如列传》)

其必曰"先天下之忧而忧，后天下之乐而乐"乎。(范仲淹《岳阳楼记》)

乃出图书，空囊橐。(马中锡《中山狼传》)

空囊橐，使囊橐空。

专其利三世矣。(柳宗元《捕蛇者说》)

意动的例子：

贼易之。(柳宗元《童区寄传》)

易，以为容易对付。

刺史颜证奇之。(同上)

奇，以为奇特。

愬然之。(司马光《资治通鉴》卷240《唐纪五十六·李愬雪夜入蔡州》)

（3）不及物动词变及物动词

不及物动词是经常不带宾语的动词，及物动词是经常带宾语的动词。拿现代汉语说，"起来""下去"等是不及物动词，"拿""打"等是及物动词。在古代汉语里，不及物动词变及物动词也是一种使动。例如："广故数言欲亡，忿恚尉。"（《史记·陈涉世家》）"忿恚尉"是使尉发脾气。"臣舍人相如止臣"（《史记·廉颇蔺相如列传》）。"止臣"，是叫我不要这样做。"然得而腊之以为饵，可以已大风、挛踠、瘘、疠，去死肌，杀三虫"（柳宗元《捕蛇者说》）。"已"是使止，"去"是使去。"君将哀而生之乎"（同上）？"生"是使活下去。"殚其地之出，竭其庐之入"（同上）。"殚""竭"都是使尽的意思。"先生之恩，生死而肉骨也"（马中锡《中山狼传》）。"生死"是使死者复生。"出图书，空囊橐"（同上）。"出"是使出，拿出来。"下首至尾"（同上）。"下"是放下。"又数刀，毙之"（蒲松龄《狼》）。"毙"是使毙，即杀死。

（4）名词用如副词（用作状语）

副词是用作状语的。如果名词用作状语，也就用如副词。例如：

> 肉食者谋之。（《左传·庄公十年·曹刿论战》）
>
> 而相如廷叱之。（《史记·廉颇蔺相如列传》）
>
> 得佳者笼养之。（蒲松龄《促织》）
>
> 有狼当道，人立而啼。（马中锡《中山狼传》）

猬缩蠖屈，蛇盘龟息。(同上)

道中手自抄录。(文天祥《指南录后序》)

将军身被坚执锐。(《史记·陈涉世家》)

元济于城上请罪，进城梯而下之。(司马光《资治通鉴》卷240《唐纪五十六·李愬雪夜入蔡州》)

以上所讲的词性的变换，是古代汉语的主要特点之一，是值得特别注意的。

(二)词序

关于词序，这里想谈两种情况：第一是动宾结构的词序；第二是介词结构的位置。

在动宾结构中，动词在前，宾语在后，现代汉语是这样，古代汉语也是这样。但是，上古汉语有一种特殊情况：在否定句里，宾语如果是个代词，就经常放在动词的前面。例如《论语·宪问》："莫我知也夫！""我"是代词，所以提到动词的前面。要了解这个语法规则，必须辨别哪些词是代词，哪些不是代词。《论语·学而》："不患人之不己知，患不知人也。""己"是代词，所以放在动词的前面；"人"不是代词，所以放在动词的后面，这是鲜明的对比。"君""子""先生"等都是以普通名词作为尊称，不能算为真正的代词，所以这些词永远不能放在动词的前面。例如《论语·宪问》，在孔子说了"莫我知也夫"之后，子贡接着就问："何为其莫知子也？""莫知子"才是对的，"莫子知"反而是违反语法的。真正的代词宾语如"我""汝""之""是"等，在否定句里，虽然也偶尔出现在动词后面，那是非常罕见的了。

在疑问句里，宾语如果是个疑问代词，也必须放在动词的前面。《孟子·梁惠王上》："牛何之？"《庄子·逍遥游》："彼且奚适也？"这种例子是不胜枚举的，今天的成语还有"何去何从"等。疑问句中代词宾语的位置，比之否定句中代词宾语的位置更为固定，差不多没有什么例外。

介词结构是修饰谓语的。按照现代汉语语法，介词结构一般是放在谓语的前面。但是按照上古汉语的语法，许多介词结构是放在谓语后面的；特别是"于"字结构，跟现代的词序很不相同。"于"字跟现代汉语对译时，随着情况的不同，可以译成在、向、从、被、比等。在上古汉语里，"于"字结构一般总是放在谓语的后面；在现代汉语里，情况正相反，"在"字结构、"向"字结构、"从"字结构、"被"字结构、"比"字结构，却都是放在谓语前面的。试比较下面的几个从《论语》中选出来跟现代汉语对照的例子："季氏旅于泰山"（季氏在泰山举行旅祭）；"哀公问社于宰我"（鲁哀公向宰我问关于社的制度）；"虎兕出于柙"（老虎犀牛从笼子里跑出来）；"屡憎于人"（经常被人们憎恨）；"季氏富于周公"（季氏比周公更富），就这些情况看来，词序的差别是很大的。当然也有古今词序相同的时候。例如《孟子·公孙丑上》："今人乍见孺子将入于井。"

译成现代汉语是："现在有人忽然看见一个小孩儿将要掉在井里。"但是，这种词序相同的情况是比较少见的。

"以"字结构也有类似的情况。《论语·为政》："生事之以礼，死葬之以礼，祭之以礼。"这些句子的词序，都是跟现代汉语不同的。

（三）虚词

虚词在汉语语法中起着很重要的作用。古代汉语的虚词，和现代汉语的虚词有很大的差别，这里着重讲古代汉语的虚词。虚词不能全讲，只拣重要的、古今差别较大的来讲。我们不打算按词类分开讲，因为有些词是兼属两三类的。我们按音序来分先后，只是为了查阅的便利罢了。我们打算讲十八个虚词，它们是：

1. ér 而
2. fú 夫
3. gài 盖
4. hú 乎
5. qí 其
6. shì 是
7. suǒ 所
8. wèi 为
9. yān 焉

10. yé 耶

11. yě 也

12. yǐ 以

13. yǐ 矣

14. yǔ 与

15. zāi 哉

16. zé 则

17. zhě 者

18. zhī 之

1. 而

"而"是连词。它有三种主要的用法：

第一种用法等于现代的"而且"。例如：

国险而民附。(《三国志·蜀志·诸葛亮传·隆中对》)

号呼而转徙，饥渴而顿踣。(柳宗元《捕蛇者说》)

中峨冠而多髯者为东坡。(魏学洢《核舟记》)

但是，不是每一个"而"字都能译成现代的"而且"，有些"而"字只能不译，它只表示前后两件事的密切关系。例如：

自吾氏三世居是乡，积于今六十岁矣，而乡邻之生日蹙。(柳宗元《捕蛇者说》)

惑而不从师，其为惑也，终不解矣。（韩愈《师说》）

第二种用法等于现代的"可是""但是"。例如：

此用武之国，而其主不能守。（《三国志·蜀志·诸葛亮传·隆中对》）

舟已行矣，而剑不行。（《吕氏春秋·慎大览·察今·刻舟求剑》）

狼亦黠矣，而顷刻两毙。（蒲松龄《狼》）

西人长火器而短技击。（徐珂《清稗类钞》第2册《战事类·冯婉贞胜英人于谢庄》）

以枪上刺刀相搏击，而便捷猛鸷终弗逮。（同上）

第三种用法是把行为的方式或时间和行为联系起来。这种"而"字，也不能译成现代汉语。例如：

哗然而骇者，虽鸡狗不得宁焉。（柳宗元《捕蛇者说》）

捷禽鸷兽应弦而倒者，不可胜数。（马中锡《中山狼传》）

狼失声而逋。（同上）

除了上述三种用法之外，还有一种比较特殊的用法，就是当"如果"讲。例如：

诸君无意则已，诸君而有意，瞻予马首可也。(徐珂《清稗类钞》第2册《战事类·冯婉贞胜英人于谢庄》)

2.夫

"夫"字有三种主要用法：

第一种"夫"字是助词，它用在句子开头，有引起议论的作用，有"我们须知""大家知道"的意味。例如：

夫解杂乱纷纠者不控卷，救斗者不搏撠。(《史记·孙子吴起列传》)

夫赵强而燕弱，而君幸于赵王，故燕王欲结于君。(《史记·廉颇蔺相如列传》)

夫寒之于衣，不待轻暖；饥之于食，不待甘旨。(晁错《论贵粟疏》)

夫六国与秦皆诸侯，其势弱于秦，而犹有可以不赂而胜之之势。苟以天下之大，而从六国破亡之故事，是又在六国下矣！(苏洵《六国论》)

夫羊，一童子可制之，如是其驯也，尚以多歧而亡；狼非羊比，而中山之歧可以亡羊者何限？(马中锡《中山狼传》)

第二种"夫"字是代词(指示代词)，略等于现代的"这个""那个""那些"等，但是语意较轻。例如：

且鄙人虽愚，独不知夫狼乎？（马中锡《中山狼传》）

故为之说，似俟夫观人风者得焉。（柳宗元《捕蛇者说》）

予观夫巴陵胜状，在洞庭一湖。（范仲淹《岳阳楼记》）

第三种"夫"字是语气助词，表示感叹语气。例如：

嗟夫！予尝求古仁人之心，或异二者之为，何哉？（范仲淹《岳阳楼记》）

悲夫！有如此之势，而为秦人积威之所劫，日削月割，以趋于亡。（苏洵《六国论》）

一人飞升，仙及鸡犬，信夫！（蒲松龄《促织》）

3. 盖

"盖"字是副词，表示"大概""大概是"。例如：

未几，敌兵果舁炮至，盖五六百人也。（徐珂《清稗类钞》第2册《战事类·冯婉贞胜英人于谢庄》）

尝贻余核舟一，盖大苏泛赤壁云。（魏学洢《核舟记》）

盖简桃核修狭者为之。（同上）

"盖"字又是句首助词，仍带一些"大概"的意味，表示下边说的话是一种带推测性的断定。例如：

盖儒者所争，尤在于名实。（王安石《答司马谏议书》）

　　盖将自其变者而观之，则天地曾不能以一瞬；自其不变者而观之，则物与我皆无尽也。（苏轼《前赤壁赋》）

　　"盖"字又是连词，表示"因为"的意思，仍带推测性的断定。例如：

　　余是以记之，盖叹郦元之简，而笑李渤之陋也。（苏轼《石钟山记》）

　　及敌枪再击，寨中人又鹜伏矣。盖借寨墙为蔽也。（徐珂《清稗类钞》第2册《战事类·冯婉贞胜英人于谢庄》）

4.乎

　　"乎"是语气词，表示疑问，略等于现代的"吗"，这是最常见的用法。例如：

　　若毒之乎？（柳宗元《捕蛇者说》）

　　汝亦知射乎？吾射不亦精乎？（欧阳修《卖油翁》）

　　有时候表示反问。例如：

　　求剑若此，不亦惑乎？（《吕氏春秋·慎大览·察今·刻舟求剑》）

览物之情，得无异乎？（范仲淹《岳阳楼记》）

有时候表示揣测，略等于现代的"吧"。例如：

莫如以吾所长攻敌所短，操刀挟盾，猱进鸷击，或能免乎？（徐珂《清稗类钞》第2册《战事类·冯婉贞胜英人于谢庄》）

助词"乎"字又表示停顿，没有什么意义。例如：

知不可乎骤得，托遗响于悲风。（苏轼《前赤壁赋》）

"乎"又是介词，等于"于"字。例如：

生乎吾前，其闻道也，固先乎吾，吾从而师之；生乎吾后，其闻道也，亦先乎吾，吾从而师之。（韩愈《师说》）

叫嚣乎东西，隳突乎南北。（柳宗元《捕蛇者说》）

5.其

"其"字是代词，等于现代的"他的""她的""它的""他们的""她们的""它们的"。例如：

帝感其诚。（《列子·汤问·愚公移山》）

断其喉，尽其肉，乃去。(柳宗元《黔之驴》)

　　有时候，"其"字只能译成"他""她""它"等，不能译成"他的""她的""它的"等。但是这些"其"字及其后面的动词(及其宾语)，只构成句子的一部分，不能成为完整的句子。例如："未知其死也。"(《史记·陈涉世家》)不能单说"其死"。"其闻道也，固先乎吾"(韩愈《师说》)。不能单说"其闻道"。"惧其不已也"(《列子·汤问·愚公移山》)。不能单说"其不已"。

　　如果把现代汉语的"他死了"译成古代汉语的"其死矣"，那是不合古代汉语语法的。

　　"其"字又等于说"其中的"。例如：

　　　　邺三老、廷掾常岁赋敛百姓，收取其钱得数百万，用其二三十万为河伯娶妇。(褚少孙《西门豹治邺》)
　　　　因得观所谓石钟者。寺僧使小童持斧，于乱石间择其一二扣之。(苏轼《石钟山记》)

　　"其"字又可以译成"那个""这种"。例如：

　　　　至其时，西门豹往会之河上。(褚少孙《西门豹治邺》)
　　　　臣窃以为其人勇士，有智谋。(《史记·廉颇蔺相如列传》)

有蒋氏者，专其利三世矣。（柳宗元《捕蛇者说》）

　　"其"字又是语气助词，放在句子开头或中间，表示揣测等语气。例如：

今其智乃反不能及，其可怪也欤！（韩愈《师说》）

6.是

　　"是"字在古代汉语里，最普通的用法是用作代词，当"这""那"讲。例如：

孰知赋敛之毒有甚是蛇者乎？（柳宗元《捕蛇者说》）
是年谢庄办团。（徐珂《清稗类钞》第2册《战事类·冯婉贞胜英人于谢庄》）

　　"于""是"二字连用，表示"在这个地方""在这个时候"。有时候，"于是"的意思更空灵一些，表示后一事紧接前一事。例如："于是集谢庄少年之精技击者而诏之曰。"（徐珂《清稗类钞》第2册《战事类·冯婉贞胜英人于谢庄》）
　　上文说过，古代文言文一般不用判断词"是"字，在某些地方，虽然译成现代"是"字（判断词）似乎也讲得通，仍然应该译成"这""那"。例如："是进亦忧，退亦忧。然则何时而乐耶？"（范仲淹《岳阳楼记》）这样，进也忧，退也忧，那么，什么时候才快乐呢?

7. 所

"所"字是结构助词,它经常跟动词结合,造成一个具有名词性质的结构。例如:

鲁直左手执卷末,右手指卷,如有所语。(魏学洢《核舟记》)

君子慎其所立乎?(《荀子·劝学》)

女亦无所思,女亦无所忆。(《木兰诗》)

可汗问所欲。(同上)

婉贞挥刀奋斫,所当无不披靡。(徐珂《清稗类钞》第2册《战事类·冯婉贞胜英人于谢庄》)

"所"字也可以跟形容词结合。但是,在这种情况下,形容词已变为带动词的性质。例如:"莫如以吾所长攻敌所短。"(徐珂《清稗类钞》第2册《战事类·冯婉贞胜英人于谢庄》)所长,等于说"所擅长"。所短,等于说"所欠缺"。

"所"字和动词的中间,也可以插进副词或介词。例如:

自张柴村以东道路皆官军所未尝行。(司马光《资治通鉴》卷240《唐纪五十六·李愬雪夜入蔡州》)

是吾剑之所从坠。(《吕氏春秋·慎大览·察今·刻舟求剑》)

在现代汉语里，没有什么虚词能跟"所"字相当，因此有时候就沿用古代的"所"字。有时候，人们用"的"字译"所"字，如把"何所思"译成"想的是什么"；有时候，人们用"什么……的"译"所"字，如把"如有所语"译成"好像有什么说的"。这些都只是译出大意，并不是说古代的"所"等于现代的"的"。

"所"字及其动词后面，有时候还可以跟着一个"者"字。例如："所击杀者无虑百十人。"（徐珂《清稗类钞》第2册《战事类·冯婉贞胜英人于谢庄》）又可以跟着一个名词或名词性词组。例如："乃丹书帛曰'陈胜王'，置人所罾鱼腹中。"（《史记·陈涉世家》）名词前面还可以加个"之"字。如"所罾之鱼"等。

特别要注意的是"所""以"二字连用。古代的"所以"不同于现代的"所以"，古代的"所以"，是追究一个为什么，或者说明为了什么。例如：

　　故君子居必择乡，游必就士，所以防邪僻而近中正也。（《荀子·劝学》）

君子居必择乡，游必就士，是为了防邪僻，近中正。

　　师者，所以传道受业解惑也。（韩愈《师说》）

老师，是为了传授道理，教给学业，解释疑难问题的。"余叩所以"（方苞《狱中杂记》）。我问这是为什么。"此所以染者众也"（同上）。这就是染病人多的原因。

"所"字另一用法是跟"为"字呼应，表示被动。例如："仅有敌船为火所焚。"（周密《武林旧事》卷3《观潮》）这种"所"字，在文言、白话对译中，也是可以不必翻译的。

8. 为

"为"（wèi）是介词，有"给""替""为了""因为"等意思。例如：

> 苦为河伯娶妇。（褚少孙《西门豹治邺》）
> 愿为市鞍马，从此替爷征。（《木兰诗》）

"为"（wéi）也是介词，跟"所"字呼应，表示被动，这种"为"字可以译成"被"字。例如：

> 仅有敌船为火所焚。（周密《武林旧事》卷3《观潮》）
> 行将为人所并。（司马光《资治通鉴》卷65《汉纪五十七·赤壁之战》）

"为"（wéi）又是语气助词，用在句末，往往与"何"字呼应，表示反问。例如：

> 如今人方为刀俎，我为鱼肉，何辞为？（《史记·项羽本纪·鸿门宴》）

9.焉

"焉"字等于介词"于"加代词"是",放在一句的末尾。例如:"自此,冀之南,汉之阴,无陇断焉。"(《列子·汤问·愚公移山》)"无陇断焉",无陇断于是,即冀南、汉阴无陇断。"积水成渊,蛟龙生焉"(《荀子·劝学》)。"蛟龙生焉",蛟龙生于是,即生于渊中。"去村四里有森林,阴翳蔽日,伏焉"(徐珂《清稗类钞》第2册《战事类·冯婉贞胜英人于谢庄》)。"伏焉",伏于是,即伏于森林之中。

有时候,"焉"字并不表示"于是"的意思,只是用来煞句。例如:

> 寒暑易节,始一反焉。(《列子·汤问·愚公移山》)
> 句读之不知,惑之不解,或师焉,或不焉。(韩愈《师说》)

"焉"字又是副词,表示反问,等于现代的"怎么"或"哪里"。例如:"且焉置土石?"(《列子·汤问·愚公移山》)

10.耶

"耶"又写作"邪",是语气助词,表示疑问或反问。它比"乎"字语气较轻,略等于现代的"吗"。例如:"六国互丧,率赂秦耶?"(苏洵《六国论》)

如果前面有疑问代词或疑问副词,则略等于现代的"呢"。例如:

又安敢毒耶？（柳宗元《捕蛇者说》）

何忧令名不彰邪？（刘义庆《世说新语·自新·周处》）

岂可近耶？（柳宗元《童区寄传》）

主上宵旰，宁大将安乐时耶！（毕沅《岳飞》）

11. 也

"也"是语气助词，表示判断语气。在文白对译时，这种"也"字不必翻译，但是在译文中应该加一个判断词"是"字。例如："陈胜者，阳城人也。"（《史记·陈涉世家》）陈胜是阳城人。"道之所存，师之所存也"（韩愈《师说》）。道之所在，就是师之所在。"此，劲敌也"（徐珂《清稗类钞》第 2 册《战事类·冯婉贞胜英人于谢庄》）。这是强大的敌人。

"也"字也可以解释疑问，说明原因。例如：

于是赵王乃斋戒五日，使臣奉璧，拜送书于庭。何者？严大国之威以修敬也。（《史记·廉颇蔺相如列传》）

强秦之所以不敢加兵于赵者，徒以吾两人在也。（同上）

吾所以为此者，以先国家之急而后私仇也。（同上）

臣所以去亲戚而事君者，徒慕君之高义也。（同上）

有时候，"也"字并非解释疑问或说明原因，而是表示简单的肯定和否定，这些地方可以翻译为"是……的"或

"啊""呢"等。例如：

> 子子孙孙无穷匮也。(《列子·汤问·愚公移山》)
> 并力西向，则吾恐秦人食之不得下咽也。(苏洵《六国论》)
> 小学而大遗，吾未见其明也。(韩愈《师说》)
> 则吾斯役之不幸，未若复吾赋不幸之甚也。(柳宗元《捕蛇者说》)

有时候，"也"字不是用来煞句，而是用来引起下面的分句。例如：

> 惩山北之塞，出入之迂也，聚室而谋曰。(《列子·汤问·愚公移山》)
> 于其身也，则耻师焉，惑矣。(韩愈《师说》)

12. 以

"以"字的用法颇多，现在只讲四种比较常见的用法：

（1）最常见的用法是用作介词，表示"拿""用"的意思。例如：

> 何不试之以足？(《韩非子·外储说左·郑人买履》)
> 以残年余力，曾不能毁山之一毛。(《列子·汤问·愚

公移山》)

　　敌人远我，欲以火器困我也。(徐珂《清稗类钞》第2
册《战事类·冯婉贞胜英人于谢庄》)

　　(2)作为介词，表示"为了""因为""由于"。例如："吾
所以为此者，以先国家之急而后私仇也。"(《史记·廉颇蔺
相如列传》)这是"为了"。"强秦之所以不敢加兵于赵者，徒以吾
两人在也"(同上)。这是"因为"。"以我酌油知之"(欧阳修
《卖油翁》)。这是"由于"。

　　(3)作为连词，表示目的，等于说"来"或"以便"。例
如："吾必尽吾力以拯吾村。"(徐珂《清稗类钞》第2册《战事
类·冯婉贞胜英人于谢庄》)尽我的力量来救我的村子。"时墨
者东郭先生将北适中山以干仕"(马中锡《中山狼传》)。去
中山以便求官。

　　(4)作为连词，用法同"而"，可以译成"而且"。例如：

　　就其善者，其声清以浮，其节数以急。(韩愈《送孟东
野序》)

　　古之君子，其责己也重以周，其待人也轻以约。(韩
愈《原毁》)

13. 矣

"矣"字是语气助词，用在句末，等于现代的"了"或

"啦"。例如：

舟已行矣。(《吕氏春秋·慎大览·察今·刻舟求剑》)

官军至矣！(司马光《资治通鉴》卷240《唐纪五十六·李愬雪夜入蔡州》)

事急矣！(马中锡《中山狼传》)

我将逝矣。(同上)

14. 与

"与"字是连词，跟现代的"和"相当。例如：

吾与汝毕力平险。(《列子·汤问·愚公移山》)

尝与人佣耕。(《史记·陈涉世家》)

"与"又是介词，跟现代的"同"相当。例如：

此犹文轩之与敝舆也。(《墨子·公输》)

白沙在涅，与之俱黑。(《荀子·劝学》)

"与""其"二字连用，跟后面的"孰若"相应，用来比较两件事的利害得失。例如："与其杀是僮，孰若卖之？与其卖而分，孰若吾得专焉？"(柳宗元《童区寄传》)

"与"又读yú(阳平声)，后来又写成"欤"。这是语气助词，用在句末，表示疑问，跟"耶"的意思差不多，也可以译成"吗"或"呢"。例如："不知周之梦为胡蝶与，胡蝶之梦为周与？"（《庄子·齐物论》）

有时候，"与（欤）"又表示一种感叹语气或揣测语气，略等于现代的"啊"或"吧"。例如："将有作于上者，得吾说而存之，其国家可几而理欤？"（韩愈《原毁》）

15. 哉

"哉"是语气助词，用在句末，表示感叹，可译为"啊"。例如："嘻，技亦灵怪矣哉！"（魏学洢《核舟记》）

在多数情况下，"哉"字与疑问词相应，表示反问，但仍带感叹语气，可以译为"吗"或"呢"。例如：

先生岂有志于济物哉？（马中锡《中山狼传》）
禽兽之变诈几何哉？（蒲松龄《狼》）

16. 则

"则"是连词，表示两件事的先后相承的关系，可以译为现代的"就"。例如：

非死则徙尔。（柳宗元《捕蛇者说》）
其余，则熙熙而乐。（同上）

有时候，"则"字应该译成"那么""那么……就"。例如：

君不如肉袒伏斧质请罪，则幸得脱矣。(《史记·廉颇蔺相如列传》)

三十日不还，则请立太子为王，以绝秦望。(同上)

君将哀而生之乎？则吾斯役之不幸，未若复吾赋不幸之甚也。向吾不为斯役，则久已病矣。(柳宗元《捕蛇者说》)

17.者

"者"字是结构助词，它经常附在动词或形容词的后面，组成名词性的结构，一般可把"者"字译成"的"。例如："存者且偷生，死者长已矣！"(杜甫《石壕吏》)有时候，译成"的人"更合适些。例如：

募有能捕之者。(柳宗元《捕蛇者说》)
京中有善口技者。(林嗣环《口技》)

有时候，"者"字不再能译为"的"，它只是和前面的字合成一个名词。例如：

时墨者东郭先生将北适中山以干仕。(马中锡《中山狼传》)
曩者霸上、棘门军，若儿戏耳。(《史记·绛侯周勃世家·周亚夫军细柳》)

"者"字又是语气助词，用于句末，等于现代的"似的"。例如：

> 言之，貌若甚戚者。（柳宗元《捕蛇者说》）
> 然往来视之，觉无异能者。（柳宗元《黔之驴》）

"者"字又放在小停顿的前面（在书面语言中放在逗号前面），表示下面将要有所解释。例如：

> 北山愚公者，年且九十，面山而居。（《列子·汤问·愚公移山》）
> 诸葛孔明者，卧龙也。（《三国志·蜀志·诸葛亮传·隆中对》）
> 师者，所以传道受业解惑也。（韩愈《师说》）
> 开火者，军中发枪之号也。（徐珂《清稗类钞》第2册《战事类·冯婉贞胜英人于谢庄》）

如果要解释原因，也可以采取这个方式。例如：

> 强秦之所以不敢加兵于赵者，徒以吾两人在也。（《史记·廉颇蔺相如列传》）
> 吾所以为此者，以先国家之急而后私仇也。（同上）

18. 之

"之"字有两种主要用法：一种是用作代词，另一种是用作结构助词。

"之"字用作代词，表示"他""她""它""他们""她们""它们"，但是只能用在动词的后面，不能用在动词的前面。例如：

> 郑人有欲买履者，先自度其足而置之其坐。至之市，而忘操之。(《韩非子·外储说左·郑人买履》)
>
> 有遗男，始龀，跳往助之。(《列子·汤问·愚公移山》)

注意：有些"之"字虽可解释为"它"，但不能翻译为"它"。现代汉语在这种地方用"它"就很别扭，这也是古今语法不同的地方。例如："'吾祖死于是，吾父死于是。今吾嗣为之十二年，几死者数矣。'言之，貌若甚戚者。"(柳宗元《捕蛇者说》)"之"指"吾祖死于是，吾父死于是……"这一件事。"以吾酌油知之"(欧阳修《卖油翁》)。"之"指手熟就能善射的道理。

有时候，甚至前面没有说到什么，也可以来一个"之"。例如：

> 怅恨久之。(《史记·陈涉世家》)
>
> 人非生而知之者，孰能无惑？(韩愈《师说》)

如有离违，宜别图之。(司马光《资治通鉴》卷65《汉纪五十七·赤壁之战》)

"之"字用作结构助词，使名词和前面的词发生关系，略等于现代的"的"字。例如：

故不登高山，不知天之高也；不临深溪，不知地之厚也。(《荀子·劝学》)

生于高山之上，而临百仞之渊。(同上)

有时候，"之"字后面不是一个名词，而是颇长的一个结构，那么，这个结构也该认为带有名词的性质。例如："则吾恐秦人食之不得下咽也。"(苏洵《六国论》)

下文第八节讲到"句子的词组化"时，还要再讲这个问题。

(四)单、复数

在现代汉语里，我们用"们"字表示复数。不但人称代词后面可以加"们"字变为"我们""你们""他们""她们""它们"，甚至有的名词也可以加"们"，如"同志们""科学家们"。我们又用"些"字加在指示代词后面表示复数，如"这些""那些"等。在上古汉语里，这种单、复数的区别是没有的。不但名词没有单、复数的区别，就是代词也没有单、复数的区别。"吾"或"我"可以表示"我"，也可以表示"我们"；"尔"或"汝"可以表示"你"，也可以表示"你们"；"之"可以表示"他""她"或"它"，也可以表示"他们""她们"或"它们"；"其"可以表示"他的""她的"或"它的"，也可以表示"他们的""她们的"或"它们的"。"是""此"或"斯"可以表示"这"，也可以表示"这些"，有时候还可以表示"那"或"那些"。

第一人称复数用"我"字。《论语·阳货》："日月逝矣，岁不我与。"这句话大意是说："时间不等待我们。"

第二人称复数用"尔"字。《论语·先进》："子路、曾皙、冉有、公西华侍坐。子曰：'以吾一日长乎尔，毋吾以也。居则曰不吾知也；如或知尔，则何以哉？'"这里子路等一共四个人，"尔"指的是"你们"。

第三人称复数用"之"字。《论语·公冶长》："老者安之，朋友信之，少者怀之。"老者、朋友、少者都不止一个人，所以"之"字应该解释为"他们"。

第三人称复数用"其"字。《论语·子张》："百工居肆以成其事。"既然是"百工"，可见"其"字表示了复数。

指示代词表示复数的也不少见。《孟子·梁惠王上》："王立于沼上，顾鸿雁麋鹿，曰：'贤者亦乐此乎？'""此"是鸿雁、麋鹿。《孟子·滕文公下》："古者不为臣不见。段干木逾垣而辟之，泄柳闭门而不纳，是皆已甚。"这里有个"皆"字，"是"字的复数性更加明显了。我们虽然不能说古人没有复数的观念，但是单、复数的区别不需要在语言形式上表现出来。

在《左传》《史记》《汉书》等书里，有"吾侪""我曹""若属"一类的说法，那不是简单地表示复数，而是说"我们这一类的人""我们这些人"等等，是一种强调的说法。这和我们上面所说代词没有单、复数的区别的原则是没有矛盾的。

（五）句子成分

上古汉语句法成分有两个主要的特点：第一是判断句一般不用系词；第二是第三人称代词一般不用作主语。

判断句，又叫做名词谓语句，就现代汉语说，也就是"是"字句。例如"孔子是鲁国人"，这就是一个判断句，"是"字是判断句中的系词。在上古汉语里，这个句子只能是"孔子，鲁人""孔子，鲁人也"或"孔子者，鲁人也"，不用系词"是"字。有人以为文言文里另有系词"为"字、"乃"字等，那至少不是正常的情况。甚至在判断句中用了副词的时候，依现代汉语语法，应该认为这些副词都是修饰系词的，而上古汉语在这种情况下仍然不用系词。例如《孟子·公孙丑上》："子诚齐人也。"依现代汉语语法，"诚"后面应该有"是"字，但是古人在这种地方一律不用系词。

如果我们不了解上古汉语不用系词这一个语法事实，有时候会使我们对古文的语句产生误解。特别是中学生接触古文不多，误解的可能性更大。对于《战国策·唐雎不辱使命》"此庸夫之怒也"（《魏策四》），很可能误解为"这个庸夫的怒"，而不懂得是"这只是庸夫的怒"。在上古时代，"是"和"此"是同义词，都当"这"字讲；但是一般人看见"是"字很容易误会，以为就是系词了。例如《孟子·梁惠王上》："直不百步耳，是亦走也。"中学生们很可能把这个"是"字和现代汉语的"是"字等同起来，而不知道"是亦走也"应该解释为"这也是逃跑"。假定有系词的话，系词也只能用在副词"亦"字的后面，而不能用在前面，可见这里的"是"字，只是指示代词，不是系词。

主语这个句子成分，无论在古代汉语或现代汉语的句子里，都不是必须具备的。但是，上古汉语的句子不用主语的情况要比现代汉语多得多，主要的原因之一是上古第三人称代词一般不用在主语的位置上。试看《论语·阳货》有这样一段话："阳货欲见孔子，孔子不见。归孔子豚。孔子时其亡也而往拜之。遇诸途。"这些句子也有用主语的，也有不用主语的。当它们用主语的时候，只用专有名词，不用人称代词："孔子不见"不说成"其不见"，"孔子时其亡也而往拜之"不说成"其时其亡也而往拜之"。但是，专有名词用得太多也嫌累赘，所以在许多地方索性不用主语。例如这里不说"阳货归孔子豚"和"孔子遇诸途"；至于"其归孔子豚""其遇诸途"，则为上古汉语语法所不容许的，更是不能说了。

具体地说，所谓第三人称代词不能用于主语，实际上就是"其"字不能用于主语。大家知道,人称代词"之"字用于宾语,"其"字则用于领位,大致等于现代汉语的"他的""她的""它的",或"他们的""她们的""它们的"。"其"字不能用作独立句的主语,因此,"其归孔子豚""其遇诸途"一类的句子都不成话。有时候,"其"字很像主语,其实"其"字的作用在于取消句子的独立性,使主谓结构变为词组。例如《孟子·离娄上》:"三代之得天下也以仁,其失天下也以不仁。""其"字实际上代替了"三代之",所以"其失天下"按照上古语法应该解作"他们的失天下"(或"它们的失天下")。

"彼"字倒反可以用作独立句的主语。例如《孟子·梁惠王上》:"彼夺其民时。"但"彼"字不是一般的人称代词,它带有指示代词的性质,而且它被用作主语的情况也是相当罕见的。

在讲述这些文言语法常识的时候,不要忘了历史观点。我们不要以今律古,大谈其"省略"和"倒装"。上古汉语本来就不需要系词,并不是"省略"了系词。如果真的是系词被省略了,应该总有不省略的时候,而且不省略的情况应该比省略的情况更常见些。为什么上古汉语的系词是那样罕见呢? 上古汉语的否定句和疑问句的代词宾语,本来就是放在动词前面的,无所谓"倒装",如果说"倒装",那只是以现代汉语作为标准。关于单、复数问题,也应该这样看待。现代汉语的代词有单、复数的区别,这是历史发展的结果,并不能以此证明古代汉语里也一定有这种区别。这样研究古代汉语的语法,才是合乎历史主义的。

（六）句子的构成——判断句

一般的句子由主语和谓语两部分组成。主语部分是陈述的对象，谓语部分就是陈述的话。例如：

妇‖抚儿。(林嗣环《口技》)

黔‖无驴。(柳宗元《黔之驴》)

主语部分里的主要的词叫做主语；谓语部分里的主要的词叫做谓语。例如："君之病‖在肠胃。"(《韩非子·喻老·扁鹊见蔡桓公》)病，主语。在，谓语。"公‖亦以此自矜"（欧阳修《卖油翁》)。公，主语。矜，谓语。

句子里除了主语和谓语以外，还常常要用一些词作连带成分。一般讲连带成分，指的是宾语、定语、状语。

宾语表示行为所涉及的人或物，一般放在动词的后面。如上面所举"抚儿"的"儿"、"无驴"的"驴"、"在肠胃"的"肠胃"。又如：

亮躬耕陇亩。(《三国志·蜀志·诸葛亮传·隆中对》)

老翁逾墙走，老妇出门看。(杜甫《石壕吏》)

定语放在名词的前面，用来修饰、限制名词。例如上文所举"老翁"的"老"、"君之病"的"君"。又如：

阿爷无大儿，木兰无长兄。(《木兰诗》)

以刀劈狼首。(蒲松龄《狼》)

状语是动词、形容词前边的连带成分，用来修饰、限制动词、形容词的。例如上面所举"公亦以此自矜"的"亦""以此""自"，"晋陶渊明独爱菊"的"独"，"故人西辞黄鹤楼"的"西"。又如：

其剑自舟中坠于水。(《吕氏春秋·慎大览·察今·刻舟求剑》)

于厅事之东北隅施八尺屏障。(林嗣环《口技》)

儿含乳啼。(同上)

宾客意少舒。(同上)

由于谓语性质的不同，句子可以分为三类：叙述句；描写句；判断句。

叙述句以动词为谓语。例如：

诸将请所之。(司马光《资治通鉴》卷240《唐纪五十六·李愬雪夜入蔡州》)

四鼓，愬至城下。(同上)

描写句以形容词为谓语。例如：

雄兔脚扑朔，雌兔眼迷离。(《木兰诗》)

夜半雪愈甚。(司马光《资治通鉴》卷240《唐纪五十六·李愬雪夜入蔡州》)

判断句以名词为谓语。例如：

吴广者，阳夏人也。(《史记·陈涉世家》)

其巫，老女子也。(褚少孙《西门豹治邺》)

以上所述汉语句子的构成，大多数情况都是古今语法一致的，所以不详细加以讨论。现在只提出判断句来讨论一下，因为古代汉语的判断句和现代汉语的判断句是大不相同的。

在古代汉语里，判断句一般不是由判断词"是"字来表示的。最普通的判断句是在主语后面停顿一下（按现代的标点是用逗号表示），再说出谓语部分（即判断语），最后用语气词"也"字收尾。例如："浙江之潮，天下之伟观也。"（周密《武林旧事》卷3《观潮》）浙江的海潮，是天下雄伟的景象。

有时候，主语后面加上一个"者"字，更足以表示停顿。例如："师者，所以传道受业解惑也。"（韩愈《师说》）

有时候，判断语很短，虽然主语后面加上"者"字，"者"字后面也不停顿。例如："杨诚斋诗曰'海涌银为郭，江横玉系腰'者是也。"（周密《武林旧事》卷3《观潮》）杨诚斋诗里说的"海涌银为郭，江横玉系腰"，就是指这样的景象。这里的"是"字不是判断词，而是代词，指这样的景象。

如果主语是个代词，中间一般就没有停顿（按现代的标点不加逗号），但是仍旧不用判断词"是"字。例如："我区氏儿也。"（柳宗元《童区寄传》）我是区家的孩子。"此谋攻之法也"（《孙子·谋攻》）。这是用谋略攻取的方法。"谁可使者？"（《史记·廉颇蔺相如列传》）谁是可以出使的人？

有时候，句子开头有个"是"字，但这种"是"字不是判断词，而是代词（等于现代语的"这"）。例如："星坠木鸣，国人皆恐。曰：'是何也？'曰：'无何也。是天地之变，阴阳之化，物之罕至者也。'"（《荀子·天论》）"是"字都应翻译作"这是"。

有时候，句子里没有主语（主语省略了），只有谓语（判断语），更用不着判断词"是"字。例如："对曰：'忠之属也。'"（《左传·庄公十年·曹刿论战》）曹刿说："这种事是尽了本职的一类事情。""虎见之，庞然大物也"（柳宗元《黔之驴》）。那驴是庞然大物。"旋见一白酋督印度卒约百人，英将也"（徐珂《清稗类钞》第2册《战事类·冯婉贞胜英人于谢庄》）。一会儿看见白人头子率领着大约一百名印度兵，那就是英国的军官。

有两个字能有判断词的作用：第一个是"非"字，第二个是"为"字。

"非"字可以认为一种否定性的判断词，略等于现代语的"不是"。例如："人非生而知之者，孰能无惑？"（韩愈《师

说》）"为"字可以认为一种肯定性的判断词，略等于现代语的
"是"。例如："自冯瀛王始印《五经》，已后典籍皆为板本。"
（沈括《活板》）五代冯道时开始印《五经》，从此以后，书籍都
是板印的本子。"若止印三二本，未为简易"（同上）。如果只
印两三本，不能算是简便。"若印数十百千本，则极为神速"
（同上）。如果印数十、数百、数千本，那就是非常快速的。

　　但是要注意：并不是所有的地方都用得上"为"字。例如
"童寄者，郴州荛牧儿也"，在古代汉语里就很少人写成"童寄
为郴州荛牧儿"，而且绝对没有人写成"童寄为郴州荛牧儿也"。

　　古代汉语里也不是绝对不用判断词"是"字。汉代以后，
比较通俗的诗文还是用判断词"是"字的。例如："翩翩两骑来
是谁？"（白居易《卖炭翁》）两个骑马的人翩翩而来，他们是
谁呀？

　　但是，就通常情况说，古代汉语是不用判断词"是"字
的。这一点必须特别注意。

（七）句子的构成——倒装句

　　古代汉语的句子和现代汉语的句子，结构方式不很一样。
有时候，宾语放在动词的前面，若拿现代语的句法来比较，觉
得用词的次序颠倒了，可以叫做倒装句。不过，在古人看来，
却并非"倒装"，因为古代这种句法是正常的句法。现在分为
四种情况来讲：

1.疑问句

在古代汉语的疑问句里，如果宾语是个代词，它就放在动词或介词的前面。例如："卿欲何言？"（司马光《资治通鉴》卷65《汉纪五十七·赤壁之战》）你想说什么？"客何为者？"（《史记·项羽本纪·鸿门宴》）这客人是干什么的？

介词"与""以"本来有动词性，它的宾语也该放在它的前面。例如："微斯人，吾谁与归？"（范仲淹《岳阳楼记》）不是这样的人，我跟谁在一起呢？"何以知之？"（《史记·廉颇蔺相如列传》）你凭什么知道呢？

注意：宾语必须是个代词，然后可以"倒装"。如果宾语不是代词，就不能"倒装"。

2.否定句

在古代汉语否定句里，如果宾语是个代词，它就放在动词前面。例如："古之人不余欺也。"（苏轼《石钟山记》）古人不骗我。"每自比于管仲、乐毅，时人莫之许也"（《三国志·蜀志·诸葛亮传·隆中对》）。当时没有谁承认他能比管仲、乐毅。"城中皆不之觉"（司马光《资治通鉴》卷240《唐纪五十六·李愬雪夜入蔡州》）。城里人都不觉察它。"它"指官兵进城这回事。

注意一：宾语必须是代词，然后可以"倒装"。如果宾语不是代词，即使是否定式，也不能"倒装"。例如："不闻爷娘唤女声"（《木兰诗》），不能说成"不爷娘唤女声闻"。"遂不得履"（《韩非子·外储说左·郑人买履》），也不能说成"遂不履得"。

注意二：否定词必须是直接放在代词宾语前面的，然后宾语可以"倒装"。如果句中虽有否定词但不是直接放在代词宾语前面，就不能"倒装"。例如："板印书籍，唐人尚未盛为之。"（沈括《活板》）不能说成"未盛之为"。"不以木为之者，文理有疏密，沾水则高下不平"（同上）。不能说成"不以木之为"。

3.是以

"是以"这个词组也算"倒装"，因为"是以"是"以是"的颠倒，是"因此"的意思（是＝此，以＝因）。例如："今在骨髓，臣是以无请也。"（《韩非子·喻老·扁鹊见蔡桓公》）

4.之、是

"之"和"是"是使句子"倒装"的一种手段。说话人把宾语提到动词前面去，只要把"之"或"是"插在宾语和动词的中间就行了。例如："富而使人分之，则何事之有？"（《庄子·天地》）富而让人分享，还有什么事呢？"唯余马首是瞻"（《左传·襄公十四年》）。只看我的马头。

以上所述的"倒装"句都是上古时代的语法，到了中古以后，口语已经变为"顺装"；但是在文人的作品里，这种"倒装"句还是沿用下来了。

（八）句子的词组化

两个或更多的词的组合，叫做词组。词和词并列地联合起来，叫做联合词组，如"工农"。定语、状语、补语和中心词组合起来，叫做偏正词组，如"中国人民的革命斗争"。动词和宾语组合起来，叫做动宾词组，如"战胜敌人"。主语和谓语组合起来做句子的一个成分的，叫做主谓词组，如"人民相信革命一定会胜利""我们不知道你来"。

在古代汉语里（特别是上古汉语里），主谓词组很少。凡主语和谓语组合起来，往往算是一个句子；如果要使它词组化，作为主语或宾语，还得在主语和谓语之间加上一个"之"字，使它变为偏正词组。例如《史记·廉颇蔺相如列传》"即患秦兵之来"，若依现代汉语语法，只说"就怕秦兵来"就行了（"秦兵来"在这里是个主谓词组）；但若依上古汉语语法，"即患秦兵来"不成话，必须说成"即患秦兵之来"（"秦兵之来"是偏正词组）。我们从古代汉语译成现代汉语的时候，可以省去"之"字不译，只译成"就怕秦兵来"；但是，我们讲古代汉语语法的时候，仍应理解为"就怕秦兵的到来"，看成偏正词组。这又是古代汉语的重要特点之一。

既然古代汉语的主语和谓语结合起来一般地只构成句子而不构成词组，那么这种在主语和谓语中间插进一个"之"字的方式，也就可以称为词组化。例如：

故不登高山，不知天之高也；不临深溪，不知地之厚也；不闻先王之遗言，不知学问之大也。(《荀子·劝学》)

且夫水之积也不厚，则其负大舟也无力。(《庄子·逍遥游》)

吾师道也，夫庸知其年之先后生于吾乎？(韩愈《师说》)

师道之不传也久矣！欲人之无惑也难矣！(同上)

呜呼！师道之不复，可知矣。(同上)

悍吏之来吾乡，叫嚣乎东西，隳突乎南北。(柳宗元《捕蛇者说》)

岂若吾乡邻之旦旦有是哉！(同上)

比吾乡邻之死则已后矣。(同上)

有时候，词组化了以后，并不作为主语，也不作为宾语，只作为不完全句，表示感叹。例如：

医之好治不病以为功！(《韩非子·喻老·扁鹊见蔡桓公》)

天之亡我，我何渡为！(《史记·项羽本纪》)

这是天要我灭亡，我还渡江做什么！

这种表示感叹的不完全句，中古以后就很少见了。

"其"字的意义是"××之"，所以"其"字的作用和"之"

字的作用一样，也能使主谓形式词组化。例如："操蛇之神闻之，惧其不已也。"（《列子·汤问·愚公移山》）"其不已"是"惧"的宾语。"秦王恐其破璧"（《史记·廉颇蔺相如列传》）。"其破璧"是"恐"的宾语。

（九）双宾语

在现代汉语"给他书"这个结构里，共有两个宾语：第一个宾语是"他"，因为它和动词接近，叫做近宾语；第二个宾语是"书"，因为它距离动词较远，叫做远宾语。近宾语是个代词，远宾语是个名词。

在古代汉语里，"给他书"可以译成"与之书"，这类结构是常见的。但是，在古代并不限于说给予的时候才用双宾语，双宾语在古代汉语里的应用，比现代汉语还要广泛些。例如："议不欲予秦璧。"（《史记·廉颇蔺相如列传》）秦，近宾语。璧，远宾语。"相如视秦王无意偿赵城"（同上）。赵，近宾语。城，远宾语。"问之民所疾苦"（褚少孙《西门豹治邺》）。之，近宾语。民所疾苦，远宾语。"使人遗赵王书"（《史记·廉颇蔺相如列传》）。赵王，近宾语。书，远宾语。"取吾璧，不予我城，奈何？"（同上）我，近宾语。城，远宾语。

双宾语中的近宾语，往往用"我""之"等字。当译成现代汉语时，可以译为"给我""给他""为了我""为了他""对我""对他"等。

（十）省略

古代汉语另有一种结构也显得比现代汉语简单些，那就是所谓省略。"省略"是省掉句子里的一个部分，如省掉主语（《晏子使楚》"对曰'〔 〕齐人也'"）；或者是省掉一个词。这里我们专讲省略一个词的情况，因为这种省略不但是常见的，而且是容易忽略的。

1. "于"字的省略

动宾词组中，宾语如果是代词（有时候是名词），而后面的介词结构是"于"字加名词，那么，这个"于"字往往省略。例如："西门豹往会之河上。"（褚少孙《西门豹治邺》）等于说"会之于河上"。"复投一弟子河中"（同上）。等于说"投一弟子于河中"。"以区区百人，投身大敌"（徐珂《清稗类钞》第2册《战事类·冯婉贞胜英人于谢庄》）。等于说"投身于大敌"。

如果谓语是个不及物动词，谓语后面的介词是"于"字加名词，这个"于"字也往往省略。例如："皆衣缯单衣，立大巫后。"（褚少孙《西门豹治邺》)等于说"立于大巫后"。

如果谓语是个形容词，谓语后面的介词是"于"字加名词或名词性词组，介词结构表示"在……方面"，这个"于"字也往往省略。例如："西人长火器而短技击。"（徐珂《清稗类钞》第2册《战事类·冯婉贞胜英人于谢庄》)等于说"长于火器而短于技击"。"火器利袭远，技击利巷战"（同上）。等于说

"火器便于袭远，技击便于巷战"。

如果谓语是个形容词，而介词结构表示比较，"于"字也往往省略。例如："是儿少秦武阳二岁。"（柳宗元《童区寄传》）等于说"少于秦武阳二岁"。

2.介词后面代词的省略

介词如果是个"为"字（读 wèi，"为着""为了"），或者是个"以"字，介词后面是个代词（一般是"之"字），这个代词可以省略。例如："女居其中。为具牛酒饭食。"（褚少孙《西门豹治邺》）等于说"为之具牛酒饭食"。"愿为市鞍马，从此替爷征"（《木兰诗》）。等于说"愿为此买鞍马"。"愿以闻于官"（柳宗元《童区寄传》）。等于说"愿以之闻于官"。

所谓省略，其实只是习惯上容许的另一种结构，不能理解为非正式的、例外的。"为具牛酒饭食"，并不比"天子为之具牛酒饭食"更少见；"愿以闻于官"，并不比"愿以之闻于官"更少见。"于"字的省略，也同样不能理解为非正式。

本章讲的是古代汉语语法，特别着重讲了古今语法不同之点。为了便于初学，叙述得特别简单。如果要深入研究古代汉语语法，还要看一些专书。

九、古语的死亡、残留和转生

古语的死亡、残留和转生是指的语言事实，是指现代口语中所发现的语言事实而言，即是说，古语（古代的词语）在现代口语中死亡了，或残留着，或死而复活（转生）。我们只论口语，不论文章，因为在文章上很难说某一个字是死亡、残留或转生。文章的古今界限是很不清楚的：写文章的人是读书人，读过书的人的脑子里，是古今词汇混杂着的；唯有一般民众的口语里，古今的界限最清楚。就是文人的口语里，也比他们自己的文章里的古今界限明显得多，因为满口咬文，就有大家听不懂的危险。由此看来，如果说某一个字在现代文章里是死了，这自然是很武断的说法；如果说它在现代口语里是死了，这可以由事实来证明：只要看一般民众口语里没有它，已经可说是死去；若连文人的谈话里也没有它，更是死亡的铁证了。

古语的死亡，有死字和死义的分别。

（一）死字、死义

死字。如："虩，怒也"（《诗经·大雅·荡》"内虩于中国"），现代只说"生气"，不说"虩"。又如"慵，懒也"（杜甫诗"观棋向酒慵"），现代只说"懒"，不说"慵"。死字有些是文人笔下几乎绝迹的，如"虩"之类；有些是文人还喜欢在文章上应用的，如"慵"之类。此外还有半死的字，例如"怒"字虽然被"生气"替代了，但口语里仍可以说"发怒"或"怒气冲冲"；"惧"字虽然被"怕"字替代了，但"恐""惧"二字连用在口语里，仍旧是读过书的人容易听得懂的。

死义。例如："方，并船也"（《诗经·邶风·谷风》"方之舟之"）；"刀，小船也"（《诗经·卫风·河广》"谁谓河广？曾不容刀"）；"孩，小儿笑也"（《孟子·尽心上》"孩提之童"）；"捉，握也"（《世说新语·容止》"而自捉刀立床头"）。

死字和死义不同之点，就是死字是整个字死了，而死义只是字的某一种意义死了："方""刀""孩""捉"四个字在现代口语里是有的，只是它们已经失去了并船、小船、小儿笑和握的意义了。

古语的死亡，大约有四种原因：第一是古代事物现代已经不存在了。例如"禊"字的意义是"三月上巳临水祓除谓之'禊'"，现代没有这种风俗，自然用不着这个字；第二是今字替代了古字。例如"怕"字替代了"惧"、"裤"替代了"袴"；第三是同义的两字竞争，结果是甲字战胜了乙字。例如"狗"战胜了"犬"、"猪"战胜了"豕"（"狗"和"犬"、"猪"和"豕"，大约起于方言的不同。有人说"猪"是小豕，"狗"是小犬，恐怕是勉强分别的）；第四是由综合变为分析，即由一个字变为几个字。例如由"渔"变为"打鱼"，由"汲"变为"打水"，由"驹"变为"小马"，由"犊"变为"小牛"。

以上说的是死亡的字。另有一种字，若说它们是死了，咱们的口语里却还有它们；若说它们还活着，却又不能按着它们的意义来随便应用。例如"墅"字本来是"兼有园林的住宅"的意思，所以《晋书·谢安传》说："于土山营墅，楼馆林竹甚盛。"后人称平日的住宅之外另营的游息之地为"别墅"。"别"者，"另"也，就是另外的一所住宅的意思。但是后来"墅"字就常常依着"别"字而行，非但在口语里没有人说"他造了一个墅"，连文章里也没有人这样写了。又如"钟"字本来有"聚也"一个意义，所以《国语·周语下》说"泽，水之钟也"（泽是水所聚的地方）;《世说新语·伤逝》说"情之所钟，正在我辈"（情之所聚，正在我们的身上）。但是，后来"聚也"

的"钟"不大能离开"情"字而自由应用，咱们只能说"情之所钟"或"钟情"（文章上还可以说"钟灵毓秀"），却不大说"海为水之所钟"，尤其不会说"娼寮赌馆，下流之所钟"之类。以上所举的例子，似乎太文雅了；一般人不大说"别墅"和"钟情"，但较俗的例子也不是没有。譬如现代口语"不是"替代了"非"、"这"替代了"此"、"他的"替代了"其"，然而"除非"不能说成"除不是"，"岂有此理"不能说成"岂有这理"，"莫名其妙"不能说成"莫名他的妙"。"非""此""其"在这种地方，也是古语的残留。

古语残留的原因往往是借成语的力量。最占势力的成语往往能是"后死者"；而某一个已死的字义，也似乎托庇于这种后死的成语，得到较长的寿命。但是，咱们若要判断某一个字义死不死，应该看它的用途普遍不普遍，不该只看现代口语里有没有它，因此，咱们可以说"非""此""其"一类的字在现代口语里确是死了；它们只在某一些特殊情形之下，还有些残留的痕迹而已。

（二）转生

此外，还有一类的字，它们在口语里本来是完全死去了的，但是到了现代却复活了。这种现象，我叫做转生。转生的原因，大约有三种：第一是双音词的产生；第二是外国词义的翻译；第三是新事物的命名。这三种原因的界限并不明显：新生的双音词往往是外国词义的反映；新事物的命名也有些是根据外国词义而来的。不过，我们姑且勉强把它们分开，在讨论上可以方便些。

第一，双音词的大量产生，是最近几十年的事。双音词的构成，往往是在一个口语里的活字之外，添上一个口语里已经死去的同义字。例如"皮肤""思想"（"皮""想"是现在口语里原有的，"肤""思"是从古代词汇中取来的）。有时候，两个字都是曾经死去了的，例如"考虑"（"考"是审察，"虑"是打主意）。

第二，外国词义的翻译，有时用现代口语里的字很难译得适当，于是用古义来译。并非古义就能适当，只因为它们对于一般人是生疏的，所以它们复活之后就很容易承受了外国原字的涵义。例如"绝对"的"绝"字，和"无"的意思相近，"绝对"等于说"无可对待"，恰像"绝伦"等于说"无可比拟"。此外如"高原"的"原"、"奇数"的"奇"、"肺炎"的"炎"、"滋养料"的"滋"，都是从古语中借来的。kiss有时虽可译为"亲嘴"，但中国所谓"亲嘴"含有猥亵的意思，而kiss有时是纯洁的，所以只好另找"接吻"二字去译它。"吻"字也是在口语里死了的。

第三，新事物的命名，借用古义，恰像西洋新事物的命名借用希腊拉丁的语根。例如"警报"的"警"字是危急的消息的意思，古人所谓"边警"就是边疆的危急消息，"告警"就是来报告危急的消息。由此看来，"警报"就是关于危急消息的报告。这种"警"字，早就在口语中死去了，然而现在非但复活，而且成了人们日常谈话中最常用的字眼之一。又如"贷金"，"贷"者借也，"金"者钱也，"贷金"就是借钱或借的钱，然而咱们不说"借钱"或"借的钱"而说"贷金"，因为"贷金"是一种制度，和普通的借钱不同。由此可见，造新名词的人之所以运用古义，并不一定是卖弄古董，有时候是要使它们和普通口语的字眼不同，以便产生一种特殊的意义。例如"贷金"不是普通的借钱而是一种制度，"警报"不是普通的危急消息而是专指敌机来袭而言。

说到这里，大家都明白古语的死亡、残留和转生是怎么一回事了。下面我们将要讨论这三种语言事实对于青年作文的影响。

死去的词语，本来可以和一般青年不发生关系。活的词语是尽够用的了，犯不着向死的词语堆里去求补充。尤其是初学作文的人，应该抱着"知之为知之，不知为不知"的态度。咱们对于活生生的语词的运用，总是比较地有把握的，何必为好奇心或虚荣心所驱使，运用已死的词语，以致有用字不当的危险呢？例如近日报纸的社论里有一种颇流行的新错误，就是把"殊"字当"谁知"讲。这种"殊"字的来源是"殊不知"，和"完全不知道"的意思差不多，其后有人误省为"殊知"，近日更索性省为"殊"字。其实"殊"只有甚的意思（引申为完全），怎么能当"谁知"讲呢？某日某报上有一个新闻标题"伊总理已请德军援助，并诱致阿拉伯人参战"，这里的"诱致"也用错了，"诱致"是诱之使至的意思。又另一日另一个报上有一个新闻标题"美国军火生产将首屈世界"，这是不曾彻底了解"首屈一指"的意义，所以用错了。这些都是可以不错的，譬如干脆用了"谁知""引诱"和"将居世界第一位"，岂不更妥当些？现在的时代，用死的词语用得不错，并不因此就得到一般人的重视。用错了，却要被社会轻视了，何苦呢？

（三）错别字的原因

古语如果残留或转生，咱们运用它们，较有把握，用字不当的毛病大约可以不犯了。然而另有一种易犯的毛病，就是写别字。只要本来是古语，无论是死亡、残留或转生，都是别字的来源。青年笔下的别字，十分之九是由这三种语言事实产生的。已死的词语，固然和咱们不熟习，容易弄错；就是残留的或转生的，也并不为一般人所彻底了解。残留或转生的某一个字，和另一个字（或两个）结合之后，就被认为囫囵的一体。例如"别墅"，大家只当它一个整体看待，并不理会"墅"是兼有园林的住宅的意思，甚至不理会"别"是另的意思。又如"绝对"，大家也只当它一个整体看待，并不理会"绝"是无的意思。这种不理会，就是产生别字的原因。

古语残留所产生的别字，例如"别墅"误作"别署"、"锺情"误作"鐘情"或"中情"、"间谍"误作"间牒"、"兴趣"误作"幸趣"或"性趣"（官话别字）、"摧残"误作"推残"、"成绩"

误作"成积"、"烦恼"误作"烦脑"、"枉然"误作"往然"、"固然"误作"果然"（吴语别字）等。古语转生所产生的别字，例如"绝对"误作"决对"（官话别字）、"资料"误作"滋料"、"残忍"误作"惨忍"（官话别字）、"驱使"误作"趋使"（官话别字）、"恐怖"误作"恐布"、"警报"误作"惊报"、"彻底"误作"切底"（粤话别字）等。

现在一般青年对于每一个字的每一个古义，自然没有那么多的工夫去仔细研究。但是，至少应该对于残留和转生的古语，求一个彻底了解。因为它们不是死的词语，而是现代活的词语的一部分，并且是最难彻底了解的一部分。唯其是活的词语的一部分，所以咱们不能不求了解；唯其是最难彻底了解的一部分，所以咱们不能不加倍小心。

十、文言的学习

文言和语体是对立的，然而一般人对于二者之间的界限常常分不清。普通对于语体的解释是依照白话写下来的文章，反过来说，凡不依照白话写下来的，就是文言。这种含糊的解释就是文言和语体界限分不清的原因。所谓白话，如果是指一般民众的口语而言，现在书报上的"白话文"十分之九是名不副实的，所以有人把它叫做"新文言"。如果以白不白为语体文言的标准，"新文言"这个名词是恰当的。但是，现在书报上又有所谓文言文，它和语体文同样是和一般民众的口语不合的。

那么，文言和语体又有什么分别呢？原来这种文言文就是把若干代词和虚词改为古代的形式，例如"他们"改为"彼等"、"的"改为"之"等等。它和语体文的分别确是很微小的。如果语体文可称为"新文言"的话，这种文言文可称为"变质的新文言"，或"之乎者也式的新文言"。

这种"变质的新文言"如果写得很好，可以比白话文简洁些。有人拿它来比宋人的语录，在简洁一点上，它们是相似的。但是，宋人的语录是古代词汇之中杂着当时的词汇，语法方面差不多完全是当时的形式。现在那些"变质的文言文"所包含的成分却复杂得多了，其中有古代的词汇，有现在口语的词汇，有欧化的词汇；有古代的语法，有现代口语的语法，有欧化的语法。总算起来，欧化的成分最多，现代口语的成分次之，古代的词汇又次之，古代的语法最少。由此看来，现在一般所谓文言文，并不是民国初年所谓文言文，后者是严复、林纾一派的文章，是由古文学来的，前者却是纯然现代化的产品，古文的味儿几乎等于零了。

现在一般人所谓文言文，既可称为"变质的文言文"，又可称为"变质的语体文""白话化的文言""文言化的白话"等等。这些都可以说明，它和语体文是没有界限可言的。但是，我们所谓文言却和现在一般人所谓文言不同，它是纯然依照古代的词汇、语法、风格和声律写下来的，不杂着一点儿现代的成分。若依我们的定义，文言和语体就大有分别了。语体文是现代人说的现代话，心里怎样想，笔下就怎样写。有时候某一些人所写的话超出了一般民众口语的范围，这是因为他们的现代知识比一般民众的高，他们的"话"实在没有法子迁就一般民众的"话"，然而他们并没有歪曲他们的"话"，去模仿另一个时代的人的文章。文言文却不是这样，作者必须把自己的脑筋暂时变为古人的脑筋，学习古人运用思想的方式。思想能像19世纪中国人的思想就够了，至于词汇、语法、风格和声律四方面，却最好是回到唐宋或两汉以前，因为文言文是以古雅为尚的。必须是这样的文言，才和语体有根本的差异。我们必须对于文言给予这样的定义，然后这一篇文章才有了立论的根据。

说到这里，读者应该明白我们为什么向来不主张一般青年们用文言文写作了。我们并不排斥那种"白话化的文言"。我们只以为它和普通的语体文的性质相似到那种地步，语体文写得好的人也就会写它，用不着一本正经地去学习。至于我们所谓文言，纯然古文味儿的，却不是时下的一般青年所能写出来。科举时代，读书人费了十年或二十年的苦功，专门揣摩古文的"策法"，尚且有"不通"的。现代青年们脑子不是专装古文的了，英文、数学之类盘踞了脑子的大部分，只剩下一个小角落给国文，语体还弄不好，何况文言？中学里的国文教员如果教学生写两篇"白话化"的文言文，我们还不置可否；如果教他们正经地揣摩起古文来，我们就认为是误人子弟。因为学不好固然是贻笑大方，学好了也就是作茧自缚。文章越像古文，就越不像现代的话。身为现代的人而不能说现代的话，多难受！况且在学习古文的时候不知不觉地学会了古人运用思想的方式，于是空疏、浮夸、不逻辑，种种古人易犯的毛病都来了。所以即使学得到了"三苏"的地步，仍旧是得不偿失。

什么时候可以学习文言呢？我们说是进了大学之后。什么人可以学习文言呢？我们说是中国语言文学系的学生。研究中国语言史的人，对于古代语言，不能不从古书中寻找它的形式。研究中国文学史的人，更不能不研究历代的文学作品。语史学家对于古文，要能分析；文学史家对于古文，要能欣赏。然而若非设身处地，做一个过来人，则所谓分析未必正确，所谓欣赏也未必到家。甲骨文的研究者没有一个不会写甲骨文的，而且多数写得很好。他们并非想要拿甲骨文来应用，只是希望写熟了，研究甲骨文的时候可以得到若干启发。语言史和文学史的研究者也应该明白这个道理，如果你对于文言的写作是个门外汉，你并不算是了解古代的语言和文学——至少是了解得不彻底。

但是，模仿古人，真是谈何容易！严格地说起来，自古至今没有一个人成功过。拟古乃是一种违反自然的事情。自己的口语如此，而笔下偏要如彼，一个不留神，就会露出马脚来。姚鼐、曾国藩之流，总算是一心揣摩古文了，咱们如果肯在他们的文章里吹毛求疵，还可以找出若干欠古的地方。至于一般不以古文著名的文人，就更常常以今为古了。例如《三国演义》里所记载的刘备给诸葛亮的一封信：

备久慕高名，两次晋谒。不遇空回，惆怅何似？窃念备汉朝苗裔，滥叨名爵。伏睹朝廷陵替，纲纪崩摧：群雄乱国，恶党欺君。备心胆俱裂！虽有匡济之诚，实乏经伦之策。仰望先生仁慈忠义，慨然展吕望之大才，施子房之鸿略。天下幸甚。社稷幸甚。先此布达，再容斋戒熏沐，特拜尊颜，面倾鄙悃，统希鉴原。

如果现代的人能写这样一封文言的信，该算是很好的了。但是，汉末的时代却绝对不会有这样的文章。"先此布达、统希鉴原"一类的话，是最近代的书信客套，不会早到宋代。至于排偶平仄，整齐到这种地步，也不会早到南北朝以前。单就词汇而论，也有许多字义不是汉代所有的。现在试举出几个显而易见的例子来说：

1. "两次晋谒"的"两次"，汉代以前只称为"再"。《左传·文公十五年》"诸侯五年再相朝"，就是"五年相朝两次"的意思。《穀梁传·隐公九年》"八日之间再有大变"，也就是"八日之间有两次大变"的意思。中古以前，行为的称数法不用单位名词（如"次"字之类），这里是词汇和语法都不合。

2. "不遇空回"的"回"，汉代以前只叫"反"。《论语》"吾自卫反鲁"（《子罕》），《孟子》"则必餍酒肉而后反"（《离娄下》），都是"回"的意思。汉代以前的"回"，只能有迂回、瀯洄、邪、违一类的意思。

3. "滥叨名爵"的"叨"、"再容斋戒熏沐"的"再"、"特拜尊颜"的"特"等等，也都是当时所没有的词汇。

依古文家的理论看来，这一封信的本身也不是最好的文章，因为它的格调不高。所谓格调不高者，也就是词汇、语法、风格、声律四方面都和两汉以前的文章不相符合的缘故。

咱们现在模仿清代以前的古文，恰像罗贯中模仿汉末或三国时代的古文一样的困难。虽然咱们距离清代比罗氏距离三国近些，但是，这几十年来，语文的变迁竟敌得过四五个世纪而有余。自从白话和欧化两种形式侵进了现代文章之后，咱们实在很难辨认它和海通以前的正派文章有多少不同之点。然而咱们必须先能辨认文言文的特质，然后才能进一步学习文言文。现在我们试按照上面所说的词汇、语法、风格、声律四方面，谈一谈文言文的特质和学习文言文的方法。

（一）词汇

词汇自然是越古越好。因此，每写一句文言之前，须得先做一番翻译的工夫。譬如要说"回"，就写作"返"（或"反"）；要说"走"，就写作"行"；要说"离开"，就写作"去"；要说"住下"，就写作"留"；要说"甜"，就写作"甘"；要说"阔"，就写作"广"；要说"才"（"你这个时候才来"），就写作"始"；要说"再"（"说了三次他不肯，我不想再说了"），就写作"复"。其间有些是可以过得去的，例如以"回"代"返"、以"甜"代"甘"、以"阔"代"广"，虽然欠古，却还成文。

有些是清代以前认为绝对不行的，例如以"走"代"行"、以"离"代"去"、以"住下"代"留"、以"才"代"始"、以"再"代"复"等等，简直是不文。

词汇虽然越古越好，却也要是历代沿用下来的字。有些字的古义未有定论，或虽大家承认上古时代有这个意义，而后世并没有沿用者，咱们还是不用的好。例如《诗经·小雅·頍弁》篇"尔殽既时"，《毛传》说："时，善也。"后世并未沿用这个字义，咱们也就不能写出"其言甚时"或"其法不时"一类的话。

一般人对于文言的词汇有一种很大的误会，他们认为越和咱们的口语相反的字越古。其实有些字的寿命很长，可以历数千年而不衰；有些字的寿命很短，只有几百年或几十年存在于人们的口语里。例如"哭"字和"泣"字，都是先秦就有了的；现代白话里有"哭"字没有"泣"字，咱们不能因此就认为后者比前者古雅。又如"裹"字，很像是现代白话里专有的字，然而《诗经·邶风》已有"绿衣黄裹"（《绿衣》)，《左传·僖公二十八年》又有"表裹山河"，前者是指衣裳的里子，后者已经引申为"内"的意义。至于像唐李邕《麓山寺碑》的"月窥窗裹"，简直和现代白话的"里"字是完全一样的意义了。

相反的情况例如"憨"字，它虽然对于一般人是那样陌生，但它却是南北朝以后的俗语，用于诗词则可，用于散文则嫌不够古雅。又如"偌"字，当"如此"或"如彼"讲。"偌"字对于一般人，当然比"如此"或"如彼"要陌生得多；然而"偌多""偌大"并不比"如彼其多""如彼其大"更古雅。相反地，后者比前者古雅得多了，因为《孟子》说过："管仲得君，如彼其专也；行乎国政，如彼其久也；功烈，如彼其卑也。"（《公孙丑上》）其中正作"如彼"；而"偌"字非但不见于古书，而且不见于现代正派的文章。由此类推，写文言文的时候，与其说"尪"，不如说"弱"；与其说"慵"，不如说"嬾（懒）"；与其说"夥"，不如说"多"；与其说"叵"，不如说"不可"；与其说"棘手"，不如说"难为"。案牍上的词汇，向来是被古文家轻视的，因此，"该生""该校""殊属非是""即行裁撤"之类，用于公文则可，用于仿古的文言文则适足以见文品之卑。所以咱们不能因它们违反白话，就认为是最古雅的词句。

典故也往往是和现代口语违异的，但也不一定可称为最古雅的话。咱们试想：典故是根据古人的话造出来的，上古的人得书甚难，怎么能有许多典故？到了汉代的文人，才偶然以经书的典故入文；然而汉赋中也只着重在描写景物，不着重在堆砌典故。堆砌典故盛于南北朝，初唐还有这种风气。自从韩愈、柳宗元以后，古文家又回到两汉以前那种不以典故为尚的风气了。咱们现在学习文言，除了特意模仿骈体之外，最好是避免堆砌典故。因此，说"龙泉"不如说"宝剑"，说"钟期"不如说"知己"，说"弄璋"不如说"生子"，说"鼓盆"不如说"丧妻"。因为典故的流行远在常语之后。例如"生子"二字见于《诗经·大雅·生民》篇（"不康禋祀，居然生子"），而"弄璋"用为"生子"的意义恐怕是最近代的事。至于"玉楼赴召、驾返瑶池"一类的滥套，连骈体文中也以不用为高，普通的文言更不必说了。

方言的歧异也往往被认为古今的不同。自从北平的方言被采用为国语之后，有些人对于自己的方言竟存着"自惭形秽"的心理，以国语为雅言，以自己的方言为俚语。其实，如果以古为雅的话，国语并不见得比各地的方言更雅。北平话和多数官话都叫"头"做"脑袋"，叫"颈"做"脖子"，显然地，"脑袋"和"脖子"是俚语，"头"和"颈"是雅言，这是大家都知道的。但是，像广东人称"大小"为"大细"，似乎是俚语，官话和吴语以"细"为"粗"之反，似乎才是雅言，这种地方就容易令人迷惑了。实际上，"细"和"小"在古代一般地是"大"之反，所以《老子》说："图难于其易，为大于其细。"（《第六十三章》）《韩非子·说难》："与之论大人，则以为间己矣；与之论细人，则以为卖重。"《汉书·匈奴传》："朕与单于皆捐细故，俱蹈大道也。"在某一些情况之下，"细"比"小"还要妥些。例如粤语谓小的声音为"细声"，古代对于声音的小正称为"细"，不大看见叫做"小"。至于"细"当"粗细"讲，来源也很早。例如"细腰""细柳"之类，但是这种"细"字只是长而小的意思。现在官话和吴语谓不精致为"粗"、精致为"细"，却是古语所没有的。这一个例子可以说明，每一个方言里都有合于古语的词汇，咱们非但不必努力避免现代口语，而且不必避免方言，一切都应该以语言的历史为标准。

相传唐代诗人刘禹锡要做一首重阳诗，想用"餻"字，忽然想起《五经》中没有这个字，就此搁笔。宋子京作诗嘲笑他道："刘郎不敢题馎字，虚负诗中一世豪。"（宋祁《九日食馎有咏》)其实，古代文人像刘禹锡的很多。因为大家受了"不敢题馎"的约束，数千年来的文言文里的词汇，才能保持着相当的统一性。假使每一个时代的每一个文人，都毫无顾忌地运用当时口语和自己的方言，那么写下来的文章必然地比现在咱们所能看见的难懂好几倍。但是，古人都并非因为希望后人易懂而甘心受那不敢题"馎"的约束，他们只是仰慕圣贤，于是以经、史、子、集的词汇为雅言。"古"和"雅"，在历代的文人看来，是有连带关系的。咱们如果要学习文言，得先遵守这第一个规律。

（二）语法

古代的语法，比古代的词汇更不容易看得出来。现代书报中的"文言文"，较好的也往往只能套取古代的若干词汇，而完全忽略了古代的语法。关于后者，可以写得成一部很厚的书，我们并不想在这里作详细的讨论，只提出几点重要的来说：

第一，中国上古没有系词"是"字；而"为"字也不是纯粹的系词（例证见于上文)。古代只说"孔子，鲁人"，或"孔子，鲁人也"；非但不说"孔子是鲁人"，而且通常也不说"孔子为鲁人"。这种规矩，在六朝以后渐被打破，到韩愈一班人提倡古文，大家却又遵守起来。例如苏轼《贾谊论》："惜乎！贾生王者之佐，而不能自用其才也。""贾生"和"王者之佐"的中间并没有"是"或"为"。

第二，中国上古没有使成式。所谓使成式，就是"做好""弄坏""打死""救活"之类。做好，古谓之"成"（《诗经·大雅·灵台》"经始灵台，经之营之，庶民攻之，不日成之"）；弄坏，古谓之"毁"（《左传·襄公十七年》"饮马于重丘，毁其瓶"）；打死，古谓之"杀"（《孟子·梁惠王上》"杀人以梃与刃，有以异乎？"）；救活，古谓之"活"（《庄子·外物》"君岂有升斗之水而活我哉？"）。由此类推，咱们写文言文的时候，要说"想起"，只能说"忆"或"念"；要说"赶走"，只能说"驱"；要说"躲开"，只能说"避"。有时候，形容词或不及物动词可以当使动词用。例如《论语·述而》："人洁己以进。""洁"等于"弄干净"；《论语·宪问》："夫子欲寡其过而未能也。""寡"等于"减少"；《左传·宣公十五年》："华元登子反之床，起之。""起"等于"叫起"或"拉起"；《史记·晋世家》："齐女乃与赵衰等谋醉重耳。""醉"等于"灌醉"；《史记·卫将军骠骑列传》："走白羊楼烦王。""走"等于"赶走"或"打退"；《汉书·朱买臣传》："买臣深怨，常欲死之。""死"等于"害死"。由此类推，咱们要说"推翻"，只能说"倾覆"；要说"攻破（城池）"，只能说"隳"。使成式大约在唐代以前已经有了，唐诗里就有"打起黄莺儿"的话。但是，后代只在诗词中有它，散文中非常罕见。俚语可以入诗词，却不可以入散文。使成式不过是其中之一例而已。

第三，中国上古没有处置式。所谓处置式，就是"将其歼灭""把他骂了一顿"之类。这种语法在唐诗里已有了。例如李群玉诗："未把彩毫还郭璞。"方干诗："应把清风遗子孙。"但是，它也像使成式一样，一般地只能入诗，不能入文。一般人以为"将"字比"把"字较古，其实即在唐诗里，"将"和"把"的用途也并不一样。"将"是"拿"的意思(国语里，"拿"和"把"也不一样，细看《红楼梦》便知)，动词后面有直接目的语。例如刘禹锡的诗："还将大笔注春秋。"王建诗："惟将直气折王侯。"上面所引的"把彩毫还郭璞"可以倒过来说成"还彩毫于郭璞"，而"将大笔注春秋"不可以倒过来说成"注大笔于春秋"。近人的"将"字用于处置式，可说是一种谬误的仿古，"将其歼灭"一类的句子是极"不文"的。

第四，中国古代的人称代词没有单、复数的分别。《左传·成公二年》："鲁卫谏曰：'齐疾我矣，其死亡者，皆亲昵也。子若不计，雠我必甚。'"这里的"我"是鲁卫自称，并未称为"我等"。《论语·公冶长》："颜渊、季路侍，子曰：'盍各言尔志？'"这里的"尔"是指颜渊、季路，并未称为"汝等"。《孟子·滕文公下》："梓匠轮舆，其志将以求食也。""其志"也未说成"彼等之志"。关于这一点，详参前文。

第五，中国古代有用"之"字把句子形式变为名词性仂语的办法。例如《左传·成公三年》："臣之不敢受死，为两君之在此堂也。"若改为"臣不敢受死，为两君在此堂也"，就完全不是古文的味儿，前者是用"之"字把连系式（句子）转成组合式（仿语），语气紧凑得多。这种语法一直沿用到后代的古文里。例如王安石《读孟尝君传》："鸡鸣狗盗之出其门，此士之所以不至也。"若改为"鸡鸣狗盗出于其门，故士不至也"，也就变得无力了。

古今语法的异点，绝不止这五条。例如上文所说的，古人称数不用单位名词（"两次"只谓之"再"）。较详细的讨论，见于拙著《中国语法理论》里。

（三）风格

所谓风格，用极浅的话来解释，就是文章的"派头"。同一的意思可以有两种以上的说法，你喜欢那样说，我喜欢这样说，这是个人的风格。古人喜欢那样说，今人喜欢这样说，这是时代的风格。西洋人喜欢那样说，中国人喜欢这样说，这是民族的风格。中国人的文章向来只有个人的风格和时代的风格，民族的风格在最近几十年才成为问题，因为文章欧化了，风格也就不是中国话的本来样子了。

中国人学习古文，有以学习个人的风格著名的。例如某人学韩愈，某人学柳宗元；有以学习时代的风格著名的。例如某人学六朝文（"选体"），某人学唐宋文。我们并不愿意批评各种风格的优劣，我们只想要指出，所谓文言文必须具备古代文章的风格，而不能依照现代白话的风格。从前的人学习古文，虽也不知不觉地露出当时白话的风格，但是，因为着意学习古文的缘故，总不至于远离古人的绳墨。现在的情形却不同了，语体文在社会上的势力是那样的大，它又是那样的时髦，多数写文言文的人又都是"半路出家"，并非"童而习之"，自然容易把现代白话的风格用于文言文的上头。再加上欧化的风格，就把文言文原有的风格剥夺净尽了。

风格是很难捉摸的东西，然而向来所谓揣摹古文，却多半是希望得到它的风格。古人所谓气韵，依我们看来，也就是风格之一种。"气韵"虽难捉摸，而多数谈古文的人都觉得实在有这样的东西。例如说韩愈的文章是刚的美，柳宗元的文章是柔的美，多读韩、柳文的人都会有这种感觉，这自然和修辞学有关。然而修辞学也不能和时代完全没有关系，例如有某种"气韵"是韩、柳和唐代文人所同具，而现代一般的文章所没有的。

古人所谓谋篇、布局、炼句之类，大致也是属于风格方面的事。不过，咱们现在研究古文，不应该再拿批评的眼光去看古人的谋篇、布局、炼句，只应该拿历史的眼光去观察它们。咱们应该留心观察古人的谋篇、布局、炼句和现代文章有什么差异之点，哪一种篇法或句法是古所常有而今所罕见的，又有哪一种是古所罕见而今所常有的。古所常有的篇法和句法，咱们在文言文里就用得着它，古所罕见的，咱们在文言文里就应该避免。

我们虽说风格是不易捉摸的，然而也不能不举出若干实例来，使读者得出一些具体的观念。在句子的形式上，咱们也大概地看得出古今风格的异同。例如关于假设的问题，上古的人喜欢用处所的观念来表示。《论语·子罕》："有美玉于斯，韫匮而藏诸？求善贾而沽诸？"《孟子·梁惠王下》："今有璞玉于此，虽万镒，必使玉人雕琢之。"又《滕文公下》："有楚大夫于此，欲其子之齐语也，则使齐人傅诸？使楚人傅诸？"可见"于斯""于此"乃是一种表示假设的话，而"假令""设如"一类的字样倒反没有。现代欧化的文言，在这种地方该是："假使子有一美玉……""假使王有一璞玉……""假设有一楚大夫，欲其子习齐语……"之类，意思是一样的，而风格却完全不同了。

　　文章的繁简也和文章的风格有关。今人以为应该简的地方，古人不一定以为应该简。反过来说，今人以为应该繁的地方，古人也不一定以为应该繁。韩愈《原道》里说："其所谓道，道其所道，非吾所谓道也；其所谓德，德其所德，非吾所谓德也。"若依现代的风格，可省为："其所谓道德，非吾所谓道德也。"柳宗元《封建论》里说："天地果无初乎？吾不得而知之也。生人果有初乎？吾不得而知之也。"若依现代的风格，也可以省为："天地与生人之有初与否，吾不得而知之也。"但是，古人以为这种地方若不拉长作为排句，则文气不畅。相反的情形却不是没有，《左传·僖公九年》："夷吾弱不好弄。"若依现代的风格，该说成："夷吾年幼之时不喜游戏。"《孟子·滕文公上》："滕文公为世子，将之楚，过宋而见孟子。"

若依现代的风格，该说成："滕文公为世子时，将之楚……"此外，古代文章里的主语尽量省略，现代欧化的文章几乎没有一句缺少主语的话，这又是语法和风格两方面都不同了。

风格和思想也有关系。现代的人经过了逻辑的训练，说话总希望有分寸，没有漏洞。譬如要提防人家找出少数的例外来批驳我的理论，我就先加上一句"就一般情形而论"；又如要说明某一真理必须是有所待而然，我就添上句"在某一些条件之下"。中国古代的人并未这样运用思想，自然说话也用不着这种方式。但是，这也并不足以证明古人比今人糊涂。古文里有许多话，在明眼人看来自然暗藏着"就一般情形而论"或"在某一些条件之下"的意思，所以古人教咱们"不以辞害意"。不过，古人在这种地方是"意会"的，今人在这种地方是"言传"的，"意会"和"言传"也就是风格的不同。

明白了这些道理，咱们就知道把语体译为文言是非常困难的事。严格地说，除了词汇和语法之外，风格也应该翻译。因此，逐字逐句的翻译，只能译成"变质的新文言"；真正要译成一种有古文味的文言文，非把语体文的风格彻底改造不可。

（四）声律

这里所谓声律，大致是指声调和节奏。古人对于文章，讲究朗诵。梁任公先生常说："念古文非摇头摆尾不可。"因为念到声韵铿锵之处，常常忍不住手舞足蹈的。古人所谓"掷地当作金石声"，虽不完全指声律而言，然而文章之美者必包含着声律之美，这是古文家所公认的。骈体文讲究平仄和对仗，固然离不了声韵；就是普通的散文，也或多或少地含有声律在内。上古时代距离咱们太远了，上古文章的声律颇难捉摸。唐宋以后，散文受近体诗的影响，其中的声律显然可知，现在姑且举王安石的《读孟尝君传》为例：

> 世皆称孟尝君能得士，士以故归之，而卒赖其力以脱于虎豹之秦。嗟乎！孟尝君特鸡鸣狗盗之雄耳，岂足以言得士？不然，擅齐之强，得一士焉，宜可以南面而制秦，尚何取鸡鸣狗盗之力哉！夫鸡鸣狗盗之出其门，此士之所以不至也。

首先，咱们应该注意到节奏问题。节奏往往是和意义有关系的，例如"世皆称"为一顿，"孟尝君"为一顿，"能得士"为一顿。但是，有时候由于一个字难于成节，就连下文为一节。例如"士以故"可为一顿，"特鸡鸣"可为一顿，这是意义和节奏不尽一致的地方。煞句的语气词虽只一字，也能自成一节。例如这里的"耳""哉"和"也"，都应该把声音拉得很长，并且不妨和上面的"雄""力""至"距离得相当的远。这样，才显得文气是畅的。写文言文的人，做好了文章，先自朗读几遍，然后有些地方再添上一个"之"字，有些地方再添上一个语气词，无非为了节奏谐和的缘故。句读的长短也是有斟酌的，例如"以脱于虎豹之秦"，若改为"以免于难"，就太短了，支持不住上面的一段话。句读的长短，要看全篇的气势而定，譬如全篇用长句，突然用四字的句子一收，就嫌短。若篇中以四言为主，则长句结束反不相宜。这些全凭体会出来，不能十分拘泥的。

其次，咱们应该注意到声调的问题。散文的声调只有平仄的关系，普通最好是每一个节奏的平仄能够替换，换句话说就是，上一节用仄，则下一节用平；上一节用平，则下一节用仄。例如"鸡鸣狗盗之出其门"，"鸡鸣"是平平，"狗盗"是仄仄，"之出"是平仄，"其门"是平平。这里的声调共有两个对偶，"鸡鸣"是平起，"狗盗"是仄收；下一对如果仍用平起，就没有变化了，所以"之出"是仄起，"其门"是平收。煞句的字的平仄，也最好是能有变化。例如第一句（指古人所谓"句"）用"士"字收仄声，第二句用"之"字收平声；第三句用"力"字收仄声；第四句用"秦"字收平声。第五句"嗟乎"是感叹语，不算。第六句"雄"字平声应该拉长，和第七句"士"字仄声相应。第七、八、九、十，四句都用平声收，是让文气一直紧下去，到了"力"字仄声应该拉长，和那些平声相应，然后用"哉"字煞句。第十一句的"门"字平声，也是和第十二句的"至"字仄声相应的。

在这里我们要声明一句：我们所讲的这一篇古文的声律，未必都是当时作者着意安排的。但是当时韵文的声律深入人心，能使散文的作者不知不觉地受了它的影响。意义和声律比起来，自然当以意义为重，咱们不能牺牲了意义来迁就声律。近体诗中还有所谓拗句（平仄不依常格者），咱们在散文里更不应该做声律的奴隶。例如《读孟尝君传》里，"卒赖其力"的"赖"、"岂足以言"的"以"、"南面而制秦"的"制"、"所以不至"的"以"，如果都改为平声字，朗诵起来就更顺口些，然而王安石并没有这样做，因为没有相当的平声字去替代它们，不恰当的替代，倒反把文章的意义弄歪了，或把句子弄得太生硬了。

由此看来，声律在文言文中的地位，并没有词汇、语法和风格那样重要。有些人喜欢"古拙"的文章，反把拘泥于声律的作品认为格调卑下。所以讲究平仄的事，必须和某一些较近代的风格相配合，不然反而成为一种文病了。

我们虽然希望中学生不用文言文写作，但是既然中学国文教科书里选录文言文，那么就让他们知道文言文有这许多讲究，自然不敢轻易尝试。据我们评阅大学新生国文试卷的经验，语体文还是好的，文言文则几乎没有一篇可以够得"通顺"二字。因此，我们奉劝一般青年，除非万不得已，否则还是不写文言文的好。

即使是有心学习文言的人，也不应该仅仅以分析古文的词汇、语法、风格、声律为能事。必须多读古文，最好是能熟读几十篇佳作，涵咏其中。这样做去，即使不会分析古文的词汇、语法等等，下笔自然皆中绳墨。语言学家调查某地的方言，极尽分析的能事；但是，假使一个七岁的小孩，让他在那个地方住上半年，他所说当地的方言，无论语音、语法、词汇各方面，其纯熟、正确的程度一定远胜于语言学家。同理，学习文言的最好的方法，就是凭着天真与古人游，等到古人的话在你的脑子里能像你自己的方言一般地不招自至的时候，自然水到渠成。大匠诲人以规矩，不能使人巧，我们以上这许多话，即使没有错误，也不过是一些"规矩"而已。

十一、为什么学习古代汉语要学点天文学

我们学习古代汉语，是为了培养阅读古书的能力。而我们的古书中，有不少地方讲到天文，所以我们要学点天文学。又有一些地方讲到历法，所以我们要有历法的知识。而历法是和天文密切相关的，要学历法，必须先学天文。

明末大学者顾炎武说：

> 三代以上，人人皆知天文。"七月流火"，农夫之辞

也;"三星在天",妇人之语也;"月离于毕",戍卒之作也;
"龙尾伏辰",儿童之谣也。后世文人学士,有问之而茫
然不知者矣。(《日知录》卷30)

"七月流火"出于《诗经·豳风·七月》,这是大家熟悉的
诗句。但是这句话一向得不到正确的解释,直到戴震才讲清楚
了。余冠英先生在《诗经选》注云:"火,或称大火,星名,即
心宿。每年夏历五月,黄昏时候,这星当正南方,也就是正中
和最高的位置。过了六月就偏西向下了,这就叫作流。"这是
传统的解释,但这是不妥当的。戴震依照岁差来解释,周时六
月心宿才中天,到七月才西向流。

"三星在天"出于《诗经·唐风·绸缪》。三星,指心宿。
第二章"三星在隅"、第三章"三星在户",也是指心宿。有人
说,第一章指参宿三星,第二章指心宿三星,第三章指河鼓三
星,不可信。《毛传》以三星为参宿三星,亦通。那要看诗人作
诗的时令了。

"月离于毕"出于《诗经·小雅·渐渐之石》。毕,指毕
宿。"月离于毕",是月亮走到毕宿的意思。据说"月离于毕",
将有大雨。

"龙尾伏辰"出于《左传·僖公五年》。原文是:

　　童谣云:"丙之晨,龙尾伏辰,袀服振振,取虢之
旗。鹑之贲贲,天策焞焞,火中成军,虢公其奔!"其九

月、十月之交乎。丙子旦，日在尾，月在策，鹑火中，必是时也。

这短短的一段话，有天文，有历法（这一段话在《古文观止》和我主编的《古代汉语》的《宫之奇谏假道》里被删去了，因为难懂）。童谣的大意是说，十月初一日清晨，晋国将进攻虢国，虢公将出奔。丙，这里指丙子日。古人以干支纪日。龙尾，即尾宿，尾宿是东方青龙七宿的第六宿，所以叫龙尾。辰，又写作"䢈"，是日月交会的意思。夏历指日月交会为朔日，朔日就是每月的初一。伏，是隐藏的意思。太阳在尾宿，故尾宿隐藏不见。鹑，指鹑火星，在柳宿九度至张宿十六度之间。按：《礼记·月令》："孟冬之月，日在尾，昏危中，旦七星中。"这里所谓鹑，当指星宿。火中，就是"鹑火中"的意思。天策，星名。日在尾，月在策，月亮比太阳走得快，半夜日月交会于尾宿，到了天明，月亮已经走到了天策星的所在了。

下面按经、史、子、集，举例说明学习古汉语要学点天文的重要性。

（一）经部

《尚书·尧典》：

乃命羲和，钦若昊天，历象日月星辰，敬授民时。

> 日中星鸟，以殷仲春；
>
> 日永星火，以正仲夏；
>
> 宵中星虚，以殷仲秋；
>
> 日短星昴，以正仲冬。

"日中""宵中"指昼夜平分，即春分、秋分。"日永"即昼长夜短，指夏至。日短，即昼短夜长，指冬至。春分之日，昏七星中，七星是朱雀七宿的第四宿，所以说"日中星鸟"；夏至之日，昏心中，心宿又名大火，所以说"日永星火"；秋分之日，昏虚中，所以说"宵中星虚"；冬至之日，昏昴中，所以说"日短星昴"。古人不懂岁差，所以得不到正确的解释，只好含糊其辞。例如《礼记·月令》说："仲冬之月，日在斗，昏东壁中。"那么，应该说"日短星壁"，怎么说成"日短星昴"呢？所以孔颖达只好含糊其辞，说："昴，白虎之中星，亦以七星并见，以正冬之三节。"直到唐一行才解了这个谜，宋蔡沈《书集传》采用僧一行的说法，以岁差的道理证明，尧时冬至日在虚，昴昏中。

《尚书·尧典》：

> 期三百有六旬有六日，以闰月定四时成岁。

这是说，太阳一周天共$365\frac{1}{4}$日，举整数来说，就是366日。阴历每年只有354日（或355日），所以要用闰月来解决阴阳历的矛盾，否则春、夏、秋、冬四时就乱了。"岁"和"年"
不同，"岁"指阳历，"年"指阴历，所以说"以闰月定四时
成岁"。

《诗经·召南·小星》：

　　嘒彼小星，维参与昴。

参，参宿。参宿七星，均属猎户座，白虎七宿之末宿。昴，昴
宿。昴宿七星，六属金牛座，白虎七宿之第四宿。

《诗经·鄘风·定之方中》：

　　定之方中，作于楚宫。揆之以日，作于楚室。

定，星名，即室宿，又名营室。中，中天。夏历十月（孟冬），
昏营室中，这时可以营造宫室。揆，量度。树立八尺的臬（测
日影的标杆），度太阳出入之影，以定东西；又参照太阳正中
之影，以正南北。

《诗经·郑风·女曰鸡鸣》：

　　女曰鸡鸣，士曰昧旦。子兴视夜，明星有烂。

明星，星名，即启明。启明是金星的别名。由于它比太阳先
出，所以叫"启明"。金星晨见东方为启明，昏见西方为长庚。

《诗经·小雅·大东》：

> 维天有汉，监亦有光。跂彼织女，终日七襄。
> 虽则七襄，不成报章。睆彼牵牛，不以服箱。
> 东有启明，西有长庚。有捄天毕，载施之行。
> 维南有箕，不可以簸扬；维北有斗，不可以挹酒浆。
> 维南有箕，载翕其舌；维北有斗，西柄之揭。

汉，指银河。织女，指织女星。牵牛，指牛宿（不是"牵牛星"）。箕，指箕宿。舌，指箕宿下边的两星。斗，指斗宿，即南斗（不是北斗）。柄，指斗柄。

（二）史部

《左传·僖公五年》：

> 凡分、至、启、闭，必书云物。

分，指春分、秋分。至，指夏至、冬至。启，指立春、立夏。闭，指立秋、立冬。

《史记·天官书》：

> 北斗七星，所谓璇玑玉衡，以齐七政。杓携龙角，衡

殷南斗，魁枕参首。

《索隐》引《春秋运斗枢》云："斗第一，天枢；第二，璇；第三，玑；第四，权；第五，衡；第六，开阳；第七，摇光。"第一至第四为魁，第五至第七为杓（biāo）。携，连。龙角，即角宿。殷，中。南斗，即斗宿六星。参，指参宿。

《汉书·天文志》：

汉元年十月，五星聚于东井。以历推之，从岁星也。

汉元年十月，是沿用秦代的十月，等于夏历七月。五星聚，也叫五星联珠，指金、木、水、火、土五行星同时并见于一方。东井，即井宿。岁星，即木星。

《后汉书·天文志中》：

元初元年三月癸酉，荧惑入舆鬼。

元初元年三月癸酉，即汉安帝元初元年（公历114）阴历三月十二日。荧惑，即火星。舆鬼，即鬼宿。

（三）子部

《吕氏春秋》：

孟春之月，日在营室，昏参中，旦尾中。(《孟春纪》)

仲春之月，日在奎，昏弧中，旦建星中。(《仲春纪》)

季春之月，日在胃，昏七星中，旦牵牛中。(《季春纪》)

孟夏之月，日在毕，昏翼中，旦婺女中。(《孟夏纪》)

仲夏之月，日在东井，昏亢中，旦危中。(《仲夏纪》)

季夏之月，日在柳，昏心中，旦奎中。(《季夏纪》)

孟秋之月，日在翼，昏斗中，旦毕中。(《孟秋纪》)

仲秋之月，日在角，昏牵牛中，旦觜嶲中。(《仲秋纪》)

季秋之月，日在房，昏虚中，旦柳中。(《季秋纪》)

孟冬之月，日在尾，昏危中，旦七星中。(《孟冬纪》)

仲冬之月，日在斗，昏东壁中，旦轸中。(《仲冬纪》)

季冬之月，日在婺女，昏娄中，旦氐中。(《季冬纪》)

孟春，正月。仲春，二月。季春，三月。孟夏，四月。仲夏，五月。季夏，六月。孟秋，七月。仲秋，八月。季秋，九月。孟冬，十月。仲冬，十一月。季冬，十二月。日，太阳。在，指太阳行到什么星宿的所在，叫做"日躔"。昏，黄昏时候。旦，天亮时候。中，中天，指某星宿走到正中最高的位置。营室、参、尾、奎、胃、七星、牵牛、毕、翼、婺女、东井、亢、危、柳、心、斗、角、觜嶲、房、虚、东壁、轸、娄、氐都是星宿名。营室，即室宿。七星，即星宿。牵牛，即牛宿。婺女，即女宿。觜嶲，又作觜觽，即觜宿。东壁，即壁宿。弧，即弧矢，星名，在鬼宿之南，近井宿。建星，近斗宿。

读《左传》"宫之奇谏假道"（《僖公一年》）时，可以拿《吕氏春秋》对照。《吕氏春秋》说："孟冬之月，日在尾，昏危中，旦七星中。"《左传》的"龙尾伏辰"就是日在尾；"鹑之贲贲""火中成军"，就是旦七星中，因为七星是属于鹑火这个星次的。

《淮南子·天文训》（原文略有删节）：

十五日为一节，以生二十四时之变。斗指子则冬至；加十五日指癸，则小寒；加十五日指丑，则大寒；距日冬至四十六日而立春；加十五日指寅，则雨水；加十五日指甲，则雷惊蛰；加十五日指卯，中绳，故曰春分；加十五日指乙，则清明；加十五日指辰，则谷雨；加十五日则春分尽，故曰有四十六日而立夏；加十五日指巳，则小满；加十五日指丙，则芒种；加十五日指午，则阳气极，故曰有四十六日而夏至；加十五日指丁，则小暑；加十五日指未，则大暑；加十五日而夏分尽，故曰有四十六日而立秋；加十五日指申，则处暑；加十五日指庚；则白露降；加十五日指酉，中绳，故曰秋分；加十五日指辛，则寒露；加十五日指戌，则霜降；加十五日则秋分尽，故曰有四十六日而立冬；加十五日指亥，则小雪；加十五日指壬，则大雪；加十五日指子，故十一月日冬至。

这是讲二十四个节气。十五日为一个节气（实际上是十五日多一点）。二十四时，这里指二十四个节气。斗，指北斗的斗柄。子、丑、寅、卯、辰、巳、午、未、申、酉、戌、亥、甲、乙、丙、丁、戊、己、庚、辛、壬、癸，指斗柄所指的方向。中绳，指昼夜平分。这一段话说明了天文和历法的关系。

《论衡·偶会篇》：

火星与昴星出入，昴星低时火星出，昴星见时火星伏。

火星，即心宿。昴星，即昴宿。见，出现。伏，不出现。心宿在东方，昴宿在西方，此出彼没，各不相见。这与参、商不相见是一样的道理。

（四）集部

《古诗十九首》之七：

玉衡指孟冬，众星何历历！
……
南箕北有斗，牵牛不负轭。

玉衡，北斗第五星，这里指斗柄。指孟冬，斗柄指着阴历十月的方向，即亥方（参看上文所引《淮南子·天文训》）。南箕，南有箕宿。北有斗，北有斗宿。斗指南斗，由于在箕宿之北，

所以说"北有斗"。牵牛不负轭，即《诗经》"睆彼牵牛，不以
服箱"（《小雅·大东》）的意思。

《古诗十九首》之十：

> 迢迢牵牛星，皎皎河汉女。
> 纤纤擢素手，札札弄机杼。
> 河汉清且浅，相去复几许。
> 盈盈一水间，脉脉不得语。

牵牛星，这里指河鼓。河鼓三星，与织女星隔河相对。河汉，
指银河。河汉女，指织女。

曹植《洛神赋》：

> 叹匏瓜之无匹兮，咏牵牛之独处。

匏瓜，星名，一名天鸡，在河鼓东。牵牛，这里也是指河鼓。

王勃《滕王阁序》："星分翼轸，地接衡庐。"翼轸，指翼宿
和轸宿。据《越绝书》，翼轸是南郡、南阳、汝南、淮阳、六
安、九江、庐江、豫章、长沙的分野。

骆宾王《狱中咏蝉》诗："西陆蝉声唱，南冠客思深。"西
陆，指昴宿，这里指秋天。司马彪《续汉书》："日行西陆谓之
秋。"南冠，指囚犯。《左传·成公九年》："南冠而系者谁也？"

陈子昂《春夜别友人》诗："明月隐高树，长河没晓天。"

长河，指银河。

沈佺期《夜宿七盘岭》诗："山月临窗近，天河入户低。"天河，指银河。

张说《恩制赐食于丽正殿书院宴赋得林字》诗："东壁图书府，西园翰墨林。"东壁，即壁宿。《晋书·天文志上》："东壁二星，主文章，天下图书之秘府也。"

岑参《冬夜宿仙游寺》诗："太乙连太白，两山知几重？"太乙、太白，皆星名，这里指终南山。

李白《蜀道难》诗："扪参历井仰胁息，以手抚膺坐长叹。"参，参宿。井，井宿。参宿是益州的分野，井宿是雍州的分野。蜀道跨益、雍二州，故云。

杜甫《赠卫八处士》诗："人生不相见，动如参与商。"参，参宿。商，即心宿。参在西，商在东，所以不能同时出现在天空。

杜甫《秋日送石首薛明府》诗："紫微临大角，皇极正乘舆。"紫微，星座名，三垣之一，古人认为是天帝之座。大角，星名，是北天的亮星，即牧夫座α星，古人以为是天王座。

杜甫《赠王二十四侍郎契》诗："一别星桥夜，三移斗柄春。"星桥，即七星桥。《华阳国志》："李冰守蜀，造桥七，上应斗魁七星。"斗柄，指北斗的柄。"三移斗柄春"，指时间过了三年。斗杓指东，天下皆春。

杜甫《送李八秘书赴杜相公幕》诗："南极一星朝北斗，五云多处是三台。"北斗，即大熊座。三台，上台、中台、下台，共六星。《晋书·天文志上》："在人曰三公，在天曰三台。"

杜甫《泊松滋江亭》诗："今宵南极外，甘作老人星。"南极，泛指南天，也专指老人星。老人，星名，即龙骨座，在弧矢南。古人以为是寿星，指寿。

韩愈、孟郊《城南联句》："文升相照灼（愈），武胜屠搀抢。"搀抢（chēng），也作"搀枪"。天搀、天抢，彗星名。《史记·司马相如列传·正义》引《天官书》："天搀长四丈，末锐；天抢长数丈，两头锐。其形类彗也。"

苏轼《江城子》词："会挽雕弓如满月，西北望，射天狼。"天狼，星名，即大犬座α星。《晋书·天文志上》："狼一星，在东井东南，为野将，主侵掠。"

秦观《鹊桥仙》词："纤云弄巧，飞星传恨，银汉迢迢暗度。"飞星，指牛郎、织女。银汉，指银河。

以上所举经、史、子、集的一些例子，足以说明我们读古书须要具备一点天文历法的知识。

（五）结语

读古史的人，应该知道古代的历法。古代以干支纪日，逢朔日则加"朔"字。从朔日可以推知某月某日。例如《左传·僖公三十二年》："冬，晋文公卒。庚辰，将殡于曲沃。"我们推知，庚辰是鲁僖公三十二年十二月十日。《资治通鉴·淝水之战》："八月戊午，坚遣阳平公融督张蚝、慕容垂等步骑二十五万为前锋……甲子，坚发长安戎卒六十余万。"（卷105《晋纪二十七》）我们推知戊午是晋太元八年（383）八月初二日，甲子是八月初八日，因为八月朔日（初一）是丁巳。那么，我们怎么知道哪一天是朔日呢？那就是天文学的问题。日月交会之日为朔日，所谓合朔。

每月最后一日叫做晦，最初一日叫做朔，晦与朔是相连的，晚上没有月光，所以叫"晦"。《说文》有一个"朓"字云："晦而月见西方谓之朓。"这是历法未密之所致。

《春秋经·襄公二十七年》："冬十有二月，乙卯朔，日有食之。"《左传》："十一月乙亥朔，日有食之。辰在申，司历过也，再失闰矣。"这里有两个问题：（1）《春秋经》所载日食的月日与《左传》不同，是谁错了？（2）《左传》说是"失闰"，为什么？这也都是历法问题。杜预说《左传》是对的，因为依长历推算，应该是十一月，不是十二月。杜预又说，周历十一月等于夏历九月，夏历九月应该是斗建指戌，不该是指申（"辰在申"）。鲁文公十一年三月甲子到襄公二十七年共71年，应该有26个闰月，现在按长历推算只有24个闰月，可见漏了两个闰月（"再失闰"）。依杜预的意见，这里应该说九月乙亥朔才对（等于夏历七月），这是春秋时代司历（主管历法的官）的错误。

由此可见，读古史的人要懂一点历法；而要懂一点历法，必须先懂一点天文。

十二、中国古代的历法

古代的历法，起于商代以前，后来逐步改进。经过天文学家祖冲之、僧一行、郭守敬等人的研究，到了清代，中国的历法已经到了完善的地步。这里简单地介绍中国古代的历法。由于历法和天文有密切关系，同时我们也讲一些中国古代天文学的常识。

（一）年、岁

年和岁是不同的两个概念（年和岁混用则不别。《尔雅》："夏曰岁，商曰祀，周曰年，唐虞曰载。"〔《释天》〕)。

十二个月为一年，闰年有十三个月。平年有354日（包括六个大月，六个小月)，闰年有383日。

太阳一周天为一岁。所谓太阳一周天，实际上就是太阳过春分点，循黄道东行，复回到春分点的时间。古人所谓岁，也就是现代天文学所谓回归年，又叫太阳年。这样，一岁就是$365\frac{1}{4}$日（实际上是365.24199日)。《尚书·尧典》上说："期三百有六旬有六日。""期"是一周岁的意思，三百有六旬有六日（366日）是说一个整数。这实际上是阳历的年，中国历法上叫做岁实。

年是阴历，岁是阳历，所以说中国古代历法是阴阳合历。中国的节气是阳历（参看下文)。中国的闰月是用来解决阴阳历的矛盾的（见下文)。

岁的意义来源于岁星，岁星就是木星。岁星约十二年一周天。古人把黄道附近一周天由西向东分为十二个星次，岁星每年行一个星次。十二次的名称是星纪、玄枵、诹訾、降娄、大梁、实沈、鹑首、鹑火、鹑尾、寿星、大火、析木。《左传·襄公二十八年》有"岁在星纪"，《襄公三十年》有"岁在降娄"，《国语·晋语四》有"岁在大火"，都是以岁星纪年，这是最早的纪年法。后人写文章，为了仿古，也采用这种纪年法。例如潘岳《西征赋》有"岁次玄枵"。

较后的有太岁纪年法。古人把黄道附近由东向西分为十二等分，叫做十二辰，即子、丑、寅、卯、辰、巳、午、未、申、酉、戌、亥，其顺序与十二次正相反。这个顺序在应用上并不方便，于是古人设想一个假岁星，叫做太岁，让它由西向东，仍用子、丑、寅、卯、辰、巳、午、未、申、酉、戌、亥十二辰，于是从寅开始，寅在析木（岁在星纪），卯在大火（岁在玄枵）等等。又为十二辰造了一些别名，即摄提格（寅）、单阏（卯）、执徐（辰）、大荒落（巳）、敦牂（午）、协洽（未）、涒滩（申）、作噩（酉）、阉茂（戌）、大渊献（亥）、困敦（子）、赤奋若（丑）。屈原《离骚》："摄提贞于孟陬兮，惟庚寅吾以降。"这是说，屈原生于寅年寅月寅日（北京大学林庚教授说，屈原并非生于寅年寅月）。

据《尔雅》所载，摄提格等十二辰叫岁阴。另有纪年的十干叫岁阳。岁阳的名称是阏逢（甲）、旃蒙（乙）、柔兆（丙）、强圉（丁）、著雍（戊）、屠维（己）、上章（庚）、重光（辛）、玄黓（壬）、昭阳（癸）。（《释天·岁阳》）。甲子纪年起于东汉，较早的纪年法是以岁阳和岁阴相配。《史记·历书》有"焉逢摄提格太初元年（甲寅）、端蒙单阏二年（乙卯）、游兆执徐三年（丙辰）、强梧大荒落四年（丁巳）"（焉逢即阏逢，端蒙即旃蒙，游兆即柔兆，强梧即强圉）等等。后人仿古，也有采用太岁纪年法的，例如司马光的《资治通鉴》。

木星绕天一周，实际上不是十二年，而是11.86年。所以每隔八十二年就会有一个星次的误差，叫做超辰或超次（汉代刘歆已经发现了超辰。但他说一百四十四年超一辰）。由于超辰的关系，汉以后的岁星纪年法渐渐与实际情况不合，误差越来越大，所以司马光《资治通鉴》的岁星纪年，实际上只等于甲子纪年。

（二）月

月球运行到太阳和地球之间，跟太阳同时出没，古人认为是日月相会，叫做霤（也写作辰），也叫做合朔。月球自合朔绕地球一周再回到合朔，所走的时间是$29\frac{499}{940}$日（实际上是29.53059日），叫做一个月。这个数目不够30日，又多于29日，所以阴历有月大、月小，月大30日，月小29日，大月和小月相间，也就差不多了。还差一点，所以有时候接连两个月都是大月。

古人有所谓月建，把一年十二个月和天上的十二辰联系起来。依夏历，斗柄（北斗的柄）指寅，叫做正月（一月），斗柄指卯，叫做二月，辰是三月，巳是四月，午是五月，未是六月，申是七月，酉是八月，戌是九月，亥是十月，子是十一月，丑是十二月。但是，依殷历，则丑是正月；依周历，则子是正月，三代的历法不同。《诗经·豳风·七月》是夏历和周历并用，所谓"四月""七月"等，指的是夏历；所谓"一之日"（一月）"二之日"（二月）等，指的是周历。从汉武帝太初元年（前104）直到清代末年，我国一直沿用夏历，以建寅之月为岁首。今天所谓旧历，也指夏历。

（三）晦、朔、望、朏、弦、旬

每月的最后一日叫做晦，最初一日叫做朔。朔就是日月合朔的日子。古人很重视朔，因为朔的日子定错了，时序就乱了。天子告朔于诸侯，诸侯告朔于庙。史官纪事，遇事件发生在朔日，必须写明。《尚书·舜典》："十有一月朔，巡守。"《诗经·小雅·十月之交》："十月之交，朔日辛卯，日有食之。"《左传·僖公五年》："春王正月辛亥朔，日南至，公既视朔，遂登东台以望。"后代史书纪事，都沿用此法。

古代以干支纪日，史书上不记月之第几日，而记干支，所以我们必须查明该月朔日的干支，然后顺推，知道是月之第几日。可查杜预《春秋长历》和陈垣《二十二史朔闰表》。

每月十五日（有时是十六日，偶或是十七日）叫做望，这时地球运行到月亮和太阳的中间。由于太阳和月亮此升彼落，一东一西，遥遥相望，所以叫做望。《释名·释天》："望，月满之名也。月大十六日，小十五日，日在东，月在西，遥相望。"后人以十五日为望，十六日为既望。苏轼《赤壁赋》："壬戌之秋，七月既望，苏子与客泛舟，游于赤壁之下。"《后赤壁赋》："是岁十月之望，步自雪堂，将归于临皋。"（一般注本都说《赤壁赋》"既望"指的是七月十六日，其实是七月十七

日，因为那年壬戌七月是大月）

每月初三叫做朏(fěi)，《说文》："朏，月未盛之明也，从月出。"（卷7上《月部》）"朏"是月亮出来了，但是还不十分明亮的意思。

月亮和太阳成九十度角，叫做弦。《释名·释天》："弦，月半之名也，其形一旁曲，一旁直，似张弓施弦也。"有上弦、下弦之分。上弦指初七或初八，下弦指二十二日或二十三日。

商周时代，一个月分为四部分。第一部分叫初吉，指初一到初七或初八，即朔日到上弦的一段时间。金文敦："惟二年正月初吉，王在周邵宫。"第二部分叫既生魄（也写作霸），指初八或初九到十四日或十五日，即上弦到望日的一段时间。《尚书·武成》："既生魄，庶邦冢君暨百工受命于周。"第三部分叫既望（这所谓"既望"和后代所谓"既望"〔十六日〕不同），指十五日或十六日到二十二日或二十三日，即望日到下弦的一段时间。《尚书·召诰》："惟二月既望，越六日乙未，王朝步自周，则至于丰。"第四部分叫既死魄，指二十三日到二十九日或三十日，即下弦到晦日的一段时间。金文兮伯吉父盘："唯五年三月既死霸庚寅。"又有哉生魄，指初二或初三。《尚书·康诰》："惟三月哉生魄，周公初基，作新大邑于东国洛。"旁死魄，指二十五日（关于"初吉""生魄""死魄""既望"这些名称，有各种不同的解说，今依王国维说）。《尚书·武成》："惟一月壬辰旁死魄，越翼日癸巳，王朝步自周，于征伐商。"

一个月又分为三部分，叫做旬（甲骨文已有"旬"字），十天为一旬。又叫浃日，《国语·楚语下》："近不过浃日。"十二日为浃辰，《左传·成公九年》："浃辰之间。"

（四）日、时、刻、分、秒

地球自转一周的时间叫做一日，古人以一昼夜为一日。一日分为十二时（时辰。现在我们依照国际习惯，一日分为二十四小时。小时只有时辰的一半，所以称为小时）、一百刻。每刻有十五分，每分有六十秒。

古人以十二辰纪时，所以后人又叫做"时辰"。从半夜算起，叫做子时。"子夜"就是半夜的意思。今人以夜里十一点到一点的时间为子时，一点到三点为丑时，三点到五点为寅时，五点到七点为卯时，七点到九点为辰时，九点到十一点为巳时，十一点到下午一点为午时，下午一点到三点为未时，三点到五点为申时，五点到七点为酉时，七点到九点为戌时，九点到十一点为亥时，这是符合古制的。

古代计时，用铜壶滴漏法。受水壶里有立箭，箭上画分一百刻，所以叫做刻。古代所谓刻，与今人所谓刻稍有不同。现在一昼夜分为九十六刻，而古人一昼夜分为一百刻（梁天监年间，曾一度改为九十六刻，但不久又改回来了）。

昼夜长短，随着时节而不同。依《后汉书》，夏至，昼六十五刻，夜三十五刻。冬至，昼四十五刻，夜五十五刻。春分，昼五十五刻八分，夜四十四刻二分。秋分，昼五十五刻二分，夜四十四刻八分。这只是就中原地区来说，至于其他各地，昼夜长短是不同的（据清代《协纪辨方书》，夏至昼五十九刻五分，夜三十六刻十分；冬至昼三十六刻十分，夜五十九刻五分；春分、秋分，昼夜各四十八刻；那是依每日九十六刻计算的，与《后汉书》稍有不同）。

远在商代以前，古人就用干支纪日。以十干配十二支，得六十甲子。如下表：

甲子	甲戌	甲申	甲午	甲辰	甲寅
乙丑	乙亥	乙酉	乙未	乙巳	乙卯
丙寅	丙子	丙戌	丙申	丙午	丙辰
丁卯	丁丑	丁亥	丁酉	丁未	丁巳
戊辰	戊寅	戊子	戊戌	戊申	戊午
己巳	己卯	己丑	己亥	己酉	己未
庚午	庚辰	庚寅	庚子	庚戌	庚申
辛未	辛巳	辛卯	辛丑	辛亥	辛酉
壬申	壬午	壬辰	壬寅	壬子	壬戌
癸酉	癸未	癸巳	癸卯	癸丑	癸亥

注意：先秦两汉，关于每月的日期，都不说初一、初二、初三等，而是用干支纪日。例如《左传·僖公三十二年》："冬，晋文公卒，庚辰，将殡于曲沃。"据后人考证，这个庚辰是鲁僖公三十二年十二月十日。后来曾用初一、初二、初三等纪日法，但历史学家仍用干支纪日法。

六十甲子大致相当于两个月，但是由于月大、月小合起来只有五十九日，所以每月的干支和日期的对应常常不是一样的。假定正月初一是甲子，则三月初一是癸亥，等等。

（五）四时、节、候

一年分为四时，近代叫做四季。正月、二月、三月为春，四月、五月、六月为夏，七月、八月、九月为秋，十月、十一月、十二月为冬（周历以子月为正月，所以四时都比夏历早两个月。《孟子·滕文公上》："秋阳以暴之。""秋阳"指的是夏历五、六月的太阳）。

一年分为二十四个节气，古代叫做节或叫做气。每月有两个节气，在前者叫做节气，在后者叫做中气。在正常的时候，二十四个节气和四时十二个月的配合如下表：

十二月建	节气	十二月建	节气
正月建寅（孟春）	立春　雨水	二月建卯（仲春）	惊蛰　春分
三月建辰（季春）	清明　谷雨	四月建巳（孟夏）	立夏　小满
五月建午（仲夏）	芒种　夏至	六月建未（季夏）	小暑　大暑
七月建申（孟秋）	立秋　处暑	八月建酉（仲秋）	白露　秋分
九月建戌（季秋）	寒露　霜降	十月建亥（孟冬）	立冬　小雪
十一月建子（仲冬）	大雪　冬至	十二月建丑（季冬）	小寒　大寒

1.春季

正月（孟春）：立春、雨水

二月（仲春）：惊蛰、春分

三月（季春）：清明、谷雨

2.夏季

四月（孟夏）：立夏、小满

五月（仲夏）：芒种、夏至

六月（季夏）：小暑、大暑

3.秋季

七月（孟秋）：立秋、处暑

八月（仲秋）：白露、秋分

九月（季秋）：寒露、霜降

4.冬季

十月（孟冬）：立冬、小雪

十一月（仲冬）：大雪、冬至

十二月（季冬）：小寒、大寒

最初的时候，大约只规定了四个节气，即春分、夏至、秋分、冬至，简称分至（"分"是昼夜平分的意思，"至"是极、最的意思。夏至日最长，日行最北，日影最短；冬至日最短，日行最南，日影最长）。在《尚书·尧典》里，叫做仲春、仲夏、仲秋、仲冬（见下文）。后来，增加到八个节气，即《左传·僖公五年》所谓"分、至、启、闭"。"分"指春分、秋分；"至"指夏至、冬至；"启"指立春、立夏；"闭"指立秋、立冬。最后规定为二十四个节气。在《淮南子》中，二十四个节气已经具备。

二十四个节气是一个太阳年的二十四等分，所以我们说节气是阳历。一个太阳年共约$365\frac{1}{4}$日，因此，每一个节气是

15.2日有奇（这是所谓恒气。但实际规定的节气，不是二十四等分。日行有迟有速，冬至日行最速，春分前三日已行天一个象限〔九十度〕，等等。后人历法精密，以日行天的度数规定节气，叫做定气，与恒气稍有出入，参看下文"赢缩"）。

比节更小的单位是候。每一个节气有三个候，一个候是五日有奇。古人所谓时候，就是指时令和节候。梁简文帝《与刘孝绰书》有："玉霜夜下，旅雁晨飞，想凉燠得宜，时候无爽。"古人所谓岁候，也是指时令和节候。《文选》颜延之《夏夜呈从兄散骑车长沙》诗有："岁候初过半，荃蕙岂久芬！"

讲到这里，我们可以总结一下：所谓岁实，是一岁（一个太阳年）实行之数。八等分为八节（分、至、启、闭），二十四等分为节气、中气，七十二等分为候。

古人凭什么规定节气呢？凭天文。具体的办法是：昼测日影，夜考中星。

古人用土圭测日影，夏至日影一尺五寸，影最短；冬至日影一丈三尺，影最长。其余节气由此类推。详见《后汉书·律历志下》。

所谓夜考中星，是观察初昏时刻的中天星座。白天见日不见星，所以要在初昏观星。《尚书·尧典》说：

> 日中星鸟，以殷仲春；日永星火，以正仲夏；宵中星虚，以殷仲秋；日短星昴，以正仲冬。

仲春、仲秋，指春分、秋分。中，指昼夜平分。日指昼，宵指夜，昼夜平分，则日中、宵中是一样的。仲夏、仲冬，指夏至、冬至。日永，指夏至昼长；日短，指冬至昼短。仲春日中星鸟，是说春分初昏中星为鹑鸟（即二十八宿中的星宿）；仲夏日永星火，是说夏至初昏中星为大火（即心宿）；仲秋宵中星虚，是说秋分初昏中星为虚宿；仲冬日短星昴，是说冬至初昏中星为昴宿。

日躔（太阳经过的星座）在二十八宿中。二十八宿是：

东方苍龙七宿：角亢氐房心尾箕
北方玄武七宿：斗牛女虚危室壁
西方白虎七宿：奎娄胃昴毕觜参
南方朱雀七宿：井鬼柳星张翼轸

我们观测到了初昏中星，也就可以推知日躔所在，同时也可以推知平旦的中星。所以《礼记·月令》上说：

孟春之月，日在营室（营室，即室宿），昏参中，旦尾中；

仲春之月，日在奎，昏弧中，旦建星中（弧，又叫弧矢，在鬼宿之南。建星在斗宿上）；

季春之月，日在胃，昏七星中，旦牵牛中（七星，即星宿。牵牛，即牛宿）。

孟夏之月，日在毕，昏翼中，旦婺女中（婺女，即女宿）；

仲夏之月，日在东井（东井，即井宿），昏亢中，旦危中；

季夏之月，日在柳，昏火中（火，即心宿），旦奎中。

孟秋之月，日在翼，昏建星中，旦毕中；

仲秋之月，日在角，昏牵牛中，旦觜觿中（觜觿，即觜宿）；

季秋之月，日在房，昏虚中，旦柳中。

孟冬之月，日在尾，昏危中，旦七星中；

仲冬之月，日在斗，昏东壁中（东壁，即壁宿），旦轸中；

季冬之月，日在婺女，昏娄中，旦氐中。

《诗经·鄘风·定之方中》："定之方中，作于楚宫。""定"即营室（室宿），"定之方中"，是说昏营室中，指的是夏历十月（《礼记·月令》："孟冬之月，日在尾，昏危中。"营室和危宿距离很近）。诗人不说"十月"，而说"定之方中"，可见他是有天文学知识的。

（六）赢缩

《史记·天官书》："岁星赢缩。……其趋舍而前曰赢，退舍曰缩。"后来天文学家以赢缩指视太阳在黄道上运行的速度，也写作"盈缩"。由于地球绕太阳的轨道是椭圆的，视太阳在黄道上运行的速度有快有慢，快的时候叫做赢，慢的时候叫做缩。夏天时速度慢，从春分到秋分，要走186天多；冬天时速度快，从秋分到春分，只须走179天多。如果按节气的平均天数来计算，从冬至到春分有六个节气，实际上不到90天，所以历法上规定的春分并不在昼夜平分的那一天，而是在春分前三天就昼夜平分了。同理，从夏至到秋分有六个节气，实际上超过90天，所以历法上规定的秋分也不在昼夜平分的那一天，而是在秋分后三天才能昼夜平分。

（七）定朔、定气

古人发现日有赢缩之后，知道一年月大、月小相间，每年规定为三百五十四日的历法是不够精密的。日行有赢缩，月行有迟疾，所以朔日不能不依赢缩迟疾来规定，容许有一连两个月大或一连两个月小，这种办法叫做定朔（古法叫做经朔）。古代有个"朓"字，指的是"晦而月见西方"。自从有了定朔之后，朓的现象就不再出现了。

古人发现日有赢缩之后，知道一岁为二十四等分以定二十四节气的历法是不够精密的，有些节气的距离要远些，有些要近些，古法叫做恒气，新法叫做定气。有了定气，闰月无中气的规定也不是完全正确的了（例如：清咸丰元年八月有中气，置闰：次年二月没有中气，不置闰）。

（八）闰月

　　置闰，是为了解决阴阳历的矛盾。上文说过，二十四节气是太阳年的二十四等分，那是阳历，岁实一年365$\frac{1}{4}$日。而阴历每年只有354日，这样每年剩余11$\frac{1}{4}$日。因此，三年之后，须增加一个月，叫做闰月。闰月一般是29日，三年置闰后，还不足三年的岁实，差4$\frac{3}{4}$日，所以第五年又要置闰，《周易·系辞上》说"五岁再闰"，就是这个道理。但是五岁再闰的历法还不够精密，因为五年置闰两次，却又多出了1$\frac{3}{4}$日，所以后人又规定十九年七闰，大约每三十二个月有一个闰月。

　　《尚书·尧典》说："以闰月定四时成岁。"为什么要有闰月才能定四时，才能成岁呢？周天三百六十度，日行一度时，月行13$\frac{17}{19}$度，如果没有闰月，则三年差一个月，以后每月都差；九年差三个月，即以春为夏；十七年差六个月，则四时相反，怎能成岁？

　　商周时代，历法未密，闰月都在岁末。秦代以十月为岁首，所以闰月称为后九月。汉初还沿用秦旧法，直到汉武帝太初元年改历以后，才改为以无中气的月份为闰月。为什么要以无中气的月份为闰月呢？由于阴阳历的矛盾，节气常常落在月份的后面。中气本该在月之十六日，逐渐移到晦日（29日或30日），这是阴阳历矛盾到了极点的时候，所以要在这里安置一个闰月。闰月的节气在月之十五日，那么这个节后面的中气应在下月朔日，所以说"闰月无中气"（这是一般的情况，闰月也可能有中气，那是例外）。

（九）岁差

由于太阳和月亮的引力对于地球赤道的作用，使地轴在黄道轴的周围作圆锥形的运动，慢慢地向西移动，使春分点以每年约五十秒的速度向西移行（周天360度，每度60分，每分60秒），这种现象叫岁差。

首先发现岁差的是晋代天文家虞喜，后来南朝宋何承天、南朝齐祖冲之、隋刘焯、唐僧一行沿用其法，而更加精密。

古人发现岁差，是由于观测到节气的日躔和中星随时代而不同。《尚书·尧典》说："日短星昴，以正仲冬。"《礼记·月令》说："仲冬之月，昏东壁中。"是谁对呢？两种说法都对。因为《尧典》讲的是殷末周初的历法。《月令》讲的是周代的历法。相距数百年，冬至的中星自然不同了。据《协纪辨方书》，清代冬至的中星又移到危宿。这都证明了岁差。殷时春分日躔在昴，清代春分日躔在室，相距三千多年，日躔变化自然也很大。

懂得岁差，对阅读古书帮助很大。《尚书·尧典》说："日中星鸟，以殷仲春；日永星火，以正仲夏；宵中星虚，以殷仲秋；日短星昴，以正仲冬。"伪《孔传》的作者不懂岁差，只能含糊地解释说："鸟，南方朱雀七宿，春分之昏，鸟星毕见；火，苍龙之中星，举中则七星见可知；虚，玄武之中星，亦言七星皆以秋分日见；昴，白虎之中星，亦以七星并见。"孔颖达沿用这种错误的解释。惟有马融、郑玄认为"春分之昏七星中，仲夏之昏心星中，秋分之昏虚星中，冬至之昏昴星中"，才是得其正解。宋蔡沈《书集传》引用唐僧一行的岁差说，证明尧时以鹑火为春分昏之中星，大火为夏至昏之中星，虚宿为秋分昏之中星，昴宿为冬至昏之中星。科学进步，解决了古书中的一些疑难问题。

《夏小正》所讲的中星，和《尧典》所讲的中星相似，有人根据《夏小正》和《尧典》所讲的中星去解释《诗经》的中星，则陷于错误。《诗经·豳风·七月》："七月流火，九月授衣。"有人解释说："火，或称大火，星名，即心宿。每年夏历五月，黄昏时候，这星当正南方，也就是正中和最高的位置。过了六月就偏西向下了，这就叫做流。"这是根据《夏小正》和《尧典》来解释的。《夏小正》说："五月初昏大火中。"《尧典》说："日永星火，以正仲夏。"但这种解释是错误的，因为周代的中星已经不再是夏代的中星了。戴震说（见《诗补传》）："据周时季夏昏火中，故孟秋之月初昏已过中，但见其西流耳。若《尧典》之'日永星火，以正仲夏'，《夏小正》之'五月初昏大火中'，则流火自六月矣。此虞夏至周，岁差不同也。"

中国天文学家发现岁差，比西洋为早，这是中国古代灿烂文化之一证。我们研究古代汉语，同时要研究古代历法；而研究古代历法，同时要研究天文。这是对研究古代汉语的人较高的要求。

十三、天文和历法的关系

　　历法主要分为阳历、阴历两种。阳历以地球绕太阳一周的时间（365.24219日）为一年。古人不知道是地球绕太阳，只说是太阳绕黄道行一周，叫做一周天，平年365天，闰年366天。一年分为12月。阴历以月球绕地球一周的时间（29.53059日）为一个月，大月30天，小月29天。12个月为一年，一年354天或355天。国际通用的是阳历，伊斯兰教用的阴历，我国旧时用的是阴历，但设置闰月，使年的平均日数和太阳年的日数相符，所以我国古代的历法实际上是阴阳合历。阴历一年叫做年，阳历一年叫做岁，"年"和"岁"是不同的。

下面我们把年、岁、月、节气分别加以叙述。

（一）年

平年有 12 个月，闰年有 13 个月。平年有 354 日或 355 日，闰年一般是 383 日，有时是 384 日。为什么要有闰月呢？闰月是为了解决阴阳历的矛盾，也就是年和岁的矛盾。阴历平年 354 天，太阳年是 $365\frac{1}{4}$ 天，一年相差 $11\frac{1}{4}$ 天，积三年就该来一个闰月。闰月一般是 29 天，那么，$354 \times 3 + 29 = 1091$ 天，而三个太阳年是 $1095\frac{3}{4}$ 天，又嫌闰得太少了，所以到第五年再闰一次（《周易·系辞》"五年再闰"）。又嫌太多了，所以后来定为十九年七闰。

为什么平年 354 天，而有时候又是 355 天呢？这和月球的运行有关。月球绕地球一周是 29.53059 日，大致说来是 29 天半，两个月合起来是 59 天，所以阴历规定大月和小月相间。但是两个月合起来还剩余 0.06118 日，所以再过一个时候该是一连两个大月。这样一来，就有 355 天了。

（二）岁

岁就是太阳年。《尚书·尧典》："期三百有六旬有六日，以闰月定四时成岁。"可见中国人在远古时代就知道太阳年。

《尚书》说366日，是说的一个约数，实际上是365$\frac{1}{4}$日，更严格地说是365$\frac{235}{940}$日，也就是365.24219日。阳历也有闰年，但不是闰月，而是闰日。每四年一闰，但又多了一点，所以后来规定凡以400能除尽的年不置闰。

《尚书》说"以闰月定四时成岁"，这一点很重要。中国古代以正月、二月、三月为春天，四月、五月、六月为夏天，七月、八月、九月为秋天，十月、十一月、十二月为冬天。假使三年不置闰，则三月已是夏天。假使三次失闰，则正月、二月、三月都变为夏天，时令不正了，所以说"以闰月定四时"。

阳历一年也有十二个月，但是"月"只是虚名，大月31日，小月30日（只有二月是28日），和月球绕地球一周的29.53059日是不相符合的。

（三）月

中国古代所谓月是朔、望月。所谓朔，是指从地球中心来看，月面中心和日面中心在同一黄道经度上，这时的月亮是看不见的。每月的最后一天叫做晦，每月的第一天叫做朔。所谓望，是指从地球中心来看，月面中心和日面中心正好相差半个周天，也就是说，月亮和太阳正好隔着地球遥遥相对，这时看起来月亮是最圆的。小月十五日，大月十六日叫做望（1984年11月8日即阴历十月十六日是望日，一般字典只说每月十五日是望日，是不对的），望的次日叫做既望。

顺便讲一个有趣的故事。古代汉语有个"朓"字。《说文》："晦而月见西方谓之朓。"（《月部》)其实晦是每月最后一天，是不会月见西方的。这是由于汉代历法还不精密，应该连续两个大月而没有规定，几次失误，必然导致"晦而月见西方"。后来历法精密，就没有这种奇怪的现象了。

闰年有十三个月。最初的时候，闰月是放在最后一个月的，后来改为放在没有中气的那一个月。什么叫做中气呢?阴历每月有两个节气，第二个节气叫做中气，没有中气则那个月只有一个节气了。如甲子年是闰十月，这月十五日是大雪，只有这个节气，而大雪本来该在上半月的，所以说闰月无中气。

（四）节气

我们说中国古代历法是阴阳合历，是因为年、月用的是阴历，而节气用的是阳历。中国把太阳年分为二十四等分，叫做二十四节气。二十四节气是：

正月：立春、雨水

二月：惊蛰、春分

三月：清明、谷雨

四月：立夏、小满

五月：芒种、夏至

六月：小暑、大暑

七月：立秋、处暑

八月：白露、秋分

九月：寒露、霜降

十月：立冬、小雪

十一月：大雪、冬至

十二月：小寒、大寒

这二十四个节气不是上古规定的，而是逐渐形成的。大约在西汉时代已有二十四个节气,《淮南子·天文训》已有了二十四节气的名称。

太阳年分为二十四等分，那么，每一个节气的时间长度 $\frac{365\frac{1}{4}}{24} = 15\frac{7}{32}$ 天，基本上是每十五天一个节气，这样定的节气叫做平气。但是，太阳周年视运动实际上是不等速的。北朝齐时张子信发现了"日行在春分后则迟，秋分后则速"(《隋书·天文志中》)。后来依照太阳视运动的速度来分节气，叫做定气。依照定气，就不是平均每节气十五天。例如冬至前后太阳移动快，一气只有十四天多；夏至前后，太阳移动慢，一气可近十六天。直到今天，我们的日历上注的也是定气。

中国的节气，最初只有春、秋两季。播种的季节叫春，收获的季节叫秋。后来才分为春、夏、秋、冬四季。春的中心是春分，夏的中心叫夏至，秋的中心叫秋分，冬的中心叫冬至。简称分至。

节气由四分法演变为八分法，即所谓"分、至、启、闭"。《左传·僖公五年》："凡分、至、启、闭，必书云物。"分，指春分、秋分；至，指夏至、冬至；启，指立春、立夏；闭，指立秋、立冬。这是节气的八分法。

　　古人凭什么天象来测定节气呢？凭的是中星的位置。二十八宿在黄道周围运转，顺次经过天空的最南方，叫做中星。古人就凭这些中星来定节气。《尚书·尧典》说：

　　　日中星鸟，以殷仲春（"殷"是中的意思）；
　　　日永星火，以正仲夏；
　　　宵中星虚，以殷仲秋；
　　　日短星昴，以正仲冬。

　　仲春，指春分。中，指昼夜平分。日，举昼以见夜。星鸟，指鹑火（柳九度至张十六度），这是春分昏的中星。仲夏，指夏至。永，长，指昼长夜短。星火，指大火，即心宿，这是夏至昏的中星。仲秋，指秋分。中，指昼夜平分。宵，举夜以见日。星虚，指虚宿。仲冬，指冬至。短，指昼短夜长。星昴，指昴宿。

　　由于岁差的关系，节气的中星也随时代而转移。晋虞喜发现太阳循黄道向西退行每五十年一度，叫做岁差（何承天定为一百年，唐刘焯定为七十五年。实际上是约七十二年移动一度）。《后汉书》以冬至中星为奎六度，虞喜发现晋代的冬至中星已在壁宿。

懂得岁差，对于理解古书很有好处。《诗经·豳风·七月》："七月流火。"若依《尚书·尧典》所说，夏至中星是大火（心宿），六月就该流火了，为什么要等到七月呢？余冠英先生说："每年夏历五月，黄昏时候，这星（心宿）当正南方，也就是正中和最高的位置。过了六月就偏西向下了，这就叫做流。"这是误解。由于岁差的关系，到了六月，中星才是心宿。所以《礼记·月令》说："季夏之月，日在柳，昏火中。"朱熹《诗集传》注云："火，大火，心星也。以六月之昏加于南方，至七月之昏，则下而西流矣。"朱熹的解释是正确的。

以上讲的是天文和历法的关系。古书中有许多涉及历法的地方，我们学习古代汉语要懂一点历法，而要知道历法又必须懂一点天文。这就是我这一讲的目的。

十四、理想的字典

小引

《四库提要》把小学分为：训诂之属；字书之属；韵书之属。大致说起来，训诂是讲字义的，字书是讲字形的，韵书是讲字音的。但是，字书专讲形的很少，《说文》就兼讲音、义，不过它是由字形的结构去推求音、义，还可说是以形为主。《玉篇》以后的字书却是以义为主，以音为副，关于形的方面，倒反是不大理会的了；只有《干禄字书》和《字学举隅》之类，勉强可算是专讲字形的书。韵书专讲音的也很少，《广韵》《集韵》《韵会》之类是兼讲字义的，最显明的证据是屡引《说文》的训诂。只有《韵镜》《切韵指掌图》之类才是专讲字音的。训诂的书似乎是专讲字义的了，但《释名》之类以声为训，却又离不了字音。这样，三类小学书的界限并不分明，《四库提要》凭什么把它们分开呢？原来《四库提要》对于小学的分类标准并不是以内容为主，而是以体裁为主的：以义为纲者（如释虫、释兽），称为训诂之属；以形为纲者（如彳部、支部），称为字书之属；以音为纲者（如东韵、先韵），称为韵书之属。

我们这里所谓字典（dictionary），并不等于《四库提要》所谓字书。它该是形、音、义三方面兼顾的：每标一字已经算是形，遇必要时还该在笔画上分辨疑似和矫正谬误；每字的下面必须注音，遇必要时还该兼注古音、俗音或方音；形和音已经弄清楚了之后，跟着就该使读者了解这字的一切涵义。非但中国字典该如此，全世界各国的字典都该如此。但是，它又该是以义为主的；形体和音韵都是次要的问题。由此看来，我们所谓"字典"，骨子里乃是训诂之属；不过，如果以义为纲，在检查上有不少的困难，所以不妨以形为纲，例如建立若干部首；或以音为纲，例如依注音符号排列。这样，又像是和字书之属或韵书之属混合为一了。

字典既然是以义为主，我们在这里，将着重在字义一方面的问题。至于形和音两方面，不打算多加讨论。也许将来有机会，我们再谈及怎样排比和怎样注音，现在暂时把这两个次要的问题撇开不谈。

（一）中国字典的良好基础

字典的目的很简单，就是令人彻底了解字的意义。为了达到这个目的，咱们该使咱们所下的注解不含糊，不神秘，不致令人发生误会。我们不知道先秦有没有字典（《尔雅》非但不是周公所作，连是否先秦作品也在可疑之列；《说文》里所引的许多"孔子曰"也是不可信的），但是先秦的人对于解释字义却往往是可以令人满意的。《论语》有一章是：

> 子贡问曰："有一言而可以终身行之者乎？"子曰："其恕乎。己所不欲，勿施于人。"（《卫灵公》）

子贡所问的是终身可行的一个字（"一言"即"一字"），孔子把"恕"字说给他之后，跟着就给他一个注解："己所不欲，勿施于人。"这是以多字释一字，正合于我们的理想字典的条件之一（见下文）。《孟子》里还有更明显的例子：

> 老而无妻曰鳏，老而无夫曰寡，老而无子曰独，幼而无父曰孤。（《梁惠王下》）

咱们现在如果要解释这四个字，也不能比《孟子》说得更明白

（注意：“曰”和“谓之”不一样，《孟子》说“谓之”的地方并不是解释字义。例如“从流下而忘反谓之流，从流上而忘反谓之连，从兽无厌谓之荒，乐酒无厌谓之亡”[《梁惠王下》]，这些行为只是“流”“连”“荒”“亡”之一端。又如“责难于君谓之恭，陈善闭邪谓之敬，吾君不能谓之贼”[《离娄上》]，这些行为只是“恭”“敬”或“贼”之一端。《论语·尧曰》“不教而杀谓之虐，不戒视成谓之暴，慢令致期谓之贼”，亦同此例）。到了许慎的《说文解字》，注解的方法就更多了。除了不合理的方法须要批评的以外，我们所认为合理的方法，大概有下列的五种：

1. 天然定义

数目、度量衡和亲属名称之类，可算是有天然定义的。这种字义非常容易下，而且每一个人所下的都大致相同。除非时代不同或社会不同，否则这种字义是没有人反对的。例如：

百，十十也；	千，十百也；
尺，十寸也；	丈，十尺也；
斗，十升也；	两，二十四铢为一两；
孙，子之子曰孙；	舅，母之兄弟为舅。

2. 属中求别

《说文》“秔”下云：“稻属。”段注：“凡言属者以属见别也；言别者以别见属也。重其同则言属，秔为稻属是也；重其异则言别，稗为禾别是也。""稗"下云："禾别也。"段注："谓禾类而别于禾也。"按：《说文》言别者甚少，言属者则颇多，如"鸽，鸠属也""鹥，凫属也"之类。其实仅言"属"是不够的，于是在许多字的底下，都是在一个大类名之外，再加上一个修饰成分，这就是我们所谓属中求别。例如"猃，长喙犬也""秫，稻之黏者"。这样，比之说"猃"为"犬属"和"秫"为"稻属"更显得明白些。下面是一些名词的例子：

农，耕人也； 　 医，病工也；

羒，牡羊也； 　 犊，牛子也；

蚕，吐丝虫也； 　 鹦，能言鸟也；

印，执政所持信也； 　 缨，冠系也；

绔，胫衣也； 　 眉，目上毛也；

垒，军壁也； 　 雨，水从云下也；

烟，火气也； 　 炭，烧木余也；

灰，死火余烬也； 　 革，兽皮治去其毛曰革。

　　形容词和动词，也都可以属中求别。"白"之属有"皙""皤""皎""皑""确"等，"皙"是"人色白"，"皤"是"老人白"，"皎"是"月之白"，"皑"是"霜雪之白"，"确"是"鸟之白"。"思"之属有"惟""念""怀""想""虑"等，"惟"是"凡思"，"念"是"常思"，"怀"是"念思"，"想"是"冀思"，"虑"是"谋思"。"息"之属有"呼""吸""喘""喟"等，"呼"

是"外息","吸"是"内息","喘"是"疾息","唱"是"大息"。
下面还有一些动词的例子：

观，谛视也；　　　　　闻，知声也。[①]
御，使马也；　　　　　摩，一指按也；
娶，取妇也；　　　　　沐，濯发也；
织，作布帛之总名也。

有时候，大类名不便说出，或不必说出，就用"者"字或
"所"字，甚至"者""所"都不用。例如：

耳，主听者也；　　　　泣，无声出涕者曰泣；
丝，蚕所吐也；　　　　口，人所以言食也；
舌，在口，所以言别味也；囱，在墙曰牖，在屋曰囱。

3.由反知正

由反知正就是用否定语作注解。此类以形容词为最多。
有些形容词，若用转注法（所谓"转注"，是依戴东原说。下仿
此），往往苦无适当的同义词；若用描写法（见下文第四项），
又难于措辞。恰巧有意义相反的一个字，就拿来加上一个否定
词，作为注解，既省事，又明白。例如：

----

① "闻"者"知"之属，"声"字可认为修饰成分。下仿此。

假，非真也，　　　　　　拙，不巧也；

暂，不久也；　　　　　　旱，不雨也；

少，不多也。

由反知正而外，还有由彼知此之法。如"甥"下云："谓我舅者吾谓之甥。"不过这种方法的用途是有限的，故不另立一条。

4.描写

凡属实物，皆可描写。许慎的描写有时候很粗，但在当时已经是难得的了。例如：

犀，徼外牛，一角在鼻，一角在顶，似豕；

狼，似犬，锐头，白颊，高前，广后；

冕，大夫以上冠（也有时候是先由属中求别，再加描写），邃延，垂瑬，纮纩；

漏，以铜受水，刻节，昼夜百节；

缞，丧服衣，长六寸，博四寸，直心；

芦菔，似芜菁，实如小未者。

历史上和地理上的叙述，也是一种描写。例如：

馆，客舍也。《周礼》以五十里有市，市有馆，馆有积，以待朝聘之客；

> 河，河水，出敦煌塞外昆仑山，发原注海；
>
> 江，江水，出蜀湔氐徼外岷山，入海；
>
> 湘，湘水，出零陵阳海山，北入江。

对于行为或状态，也可以描写。例如：

> 躲，弓弩发于身而中于远也；
>
> 赧，面惭而赤也。

5.譬况

有些事物，不是描写得出来的。但是，只要一举例，大家就明白了。关于颜色，最适宜于用譬况法，例如：

> 黄，地之色也；
>
> 黑，火所熏之色也。

以上所说的五种方法，虽不能说是许慎所首创，至少是到了他才大量应用。拿《尔雅》和《说文》相比较，我们就觉得前者只是字典的雏形，而后者则已经具备了理想字典的轮廓。现代世界上最好的字典，也离不了这五种方法，可见许慎对于中国的字典学，已经立下了很好的基础。学术是积累而成的，后代的学者不能在这百尺竿头更进一步，竟是许慎的罪人了。

（二）古代字书的缺点和许学的流弊

由上文恭维许慎的话看来，我们是很佩服他的。开创总是艰难的事业，在距今二千年的时候，他能有这种成绩，自然显得伟大了。不过，他的缺点我们也不能不说。固然，他受了当时的趋尚所影响，我们抱着满怀原谅的心理去读他的书；但是，因为他的势力最大，影响于后世的字典学最深，所以我们又应毫不妥协地给他一个公平的批评。大致说起来，《说文》共有四个缺点：

1.文以载道

咱们不要忘了许慎是一个经学家，他一肚子的道理，自然要流露出来。但是，字典所要求的只是一种合理的定义，并不需要在定义之外再加上若干哲理；尤其是不应该完全不要定义，竟以哲理去替代它。下面的一些例子，我们都认为是违反字典的常轨的：

一，惟初太极，道立于一，造分天地，化成万物；

二，地之数也；

三，数名，天地人之道也；

青，东方色也；

赤，南方色也；

白，西方色也；

水……北方之行。象众水并流，中有微阳之气也；

火……南方之行，炎而上；

地，元气初分，轻清阳为天，重浊阴为地，万物所陈列也；

情，人之阴气有欲者也；

大，天大，地大，人亦大焉；

玉，石之美者，有五德：润泽以温，仁之方也；鰓理自外，可以知中，义之方也；其声舒扬，专以远闻，智之方也；不挠而折，勇之方也；锐廉而不忮，絜之方也。

2. 声训

声训是先秦已有的（《论语·颜渊》"政者正也"；《孟子·滕文公上》"庠者养也，校者教也，序者射也"），到了汉代，竟成一种风尚。《毛传》已有声训（"土，事也""毁，火也""古，故也"之类），《白虎通》也很不少（"士者，事也""嫁者，家也"之类）。其专用声训者，要算刘熙的《释名》。《说文》里若以字的全数而论，声训的数量不算很多，有些字，在《白虎通》里是声训的，在《说文》里已经改为义训了。例如《白虎通》"嫁者家也"，《说文》却是"女适人也"，这也可说是有了进步。但是，《说文》对于最常用的字，仍旧往往是由声取训的；大约是许氏以为常用的字用不着注解，用声训取其更有意思些。有些声训里头含着一番大道理（"儒，柔也""士，事也""学，觉悟也"之类），仍旧是文以载道。而且，假借当时崇尚的声训来载道，似乎更容易生效。下面是一些声训的例子：

水，准也；　　　　　火，毁也；

户，护也；　　　　　门，闻也；

妇，服也；　　　　　母，牧也；

霜，丧也；　　　　　非，违也；

可，肯也；　　　　　日，实也；

月，阙也；　　　　　夜，舍也；

春，推也；　　　　　士，事也；

儒，柔也；　　　　　政，正也；

学，觉悟也；　　　　书，箸也；

诗，志也；　　　　　琴，禁也；

鼓，郭也；　　　　　臣，牵也；

衣，依也；　　　　　尾，微也；

卿，章也；　　　　　室，实也；

八，别也；　　　　　酒，就也；

丑，纽也；　　　　　寅，髕也；

卯，冒也；　　　　　辰，震也；

午，牾也；　　　　　未，味也；

申，神也；　　　　　酉，就也；

戌，威也；　　　　　亥，荄也；

马，怒也，　　　　武也；王，天下所归往也；

土，地之吐生万物者也；妻，妇与己齐者也；

韭，韭菜也，一種而久生者也；惪，外得于人，内得于己也；

教，上所施，下所效也；鬼，人所归为鬼；

鼻，所以引气自畀也；星，万物之精，上为列星；

山，宣也。谓能宣散气、生万物也；弓，穷也，以近穷远者；

狗，孔子曰："狗，叩也。叩气吠以守。"

这种声训的风气，直至近代小学而未衰，所以段玉裁还说"诽之言非也，言非其实""谤之言旁也。旁，溥也，大言之过其实"，等等。声训有什么好处呢？《释名》的《序》里说：

自古造化制器立象，有物以来迄于近代，或典礼所制，或出自民庶；名号雅俗，各方名殊，百姓日称而不知其所以之意。故……论叙指归，谓之释名。

原来声训的用处乃是求事物命名的"所以之意"，并不是对于那名的本身作一种确当不易的定义。这样，自然也不是字典的正轨。

先就好的声训而论。"水，准也""马，武也"，都见于《释名》；"诗，志也"，《毛诗·序》也说"志之所之也"；"士，事也"见于《毛传》和《白虎通》；"政，正也"甚至见于《论语》，可知不是许慎的私见。但是，尽管"水"与"准"、"马"

与"武"、"诗"与"志"、"士"与"事"、"政"与"正"之间有多少字源上的关系，这种关系也只是字族的关系（参看章炳麟《文始》和高本汉《汉语词族》），咱们至多只能说它们本是同族，却不能说它们是完全同义的字。

再就坏的方面而论，就是专凭臆说。《论语》里有这样一段话：

> 哀公问社于宰我，宰我对曰："夏后氏以松，殷人以柏，周人以栗，曰使民战栗。"子闻之曰："成事不说，遂事不谏，既往不咎。（《八佾》）

宰我的话，差不多等于说："……栗者栗也，使民战栗。"其实他这话是捕风捉影之谈，所以孔子不满意。可见声训往往是靠不住的。像"弓，穷也""鼻所以引气自畀也""狗，叩也。叩气吠以守"，都是很不近情理的说法。要知声训之不可靠：

第一，试看各家声训有时候会大相径庭。例如《说文》："未，味也，六月滋味也。"（《未部》）《史记·律书》："未者，言万物皆成，有滋味也。"是一派；《释名》："未，昧也。日中则昃，向幽昧也。"《淮南子·天文训》："未者，昧也。"又是一派。

第二，试看同是一个人，也会说出两种道理。例如《说文》："马，怒也，武也。"（《马部》）尤其是《释名》："风，兖、豫、司、冀横口合唇言之，风，泛也，其气博泛而动物也；青、徐言风，蹴口开唇推气言之，风，放也，气放散也。"因方言之不同，而事物命名的"所以之意"亦随之而异，这简直是令人百索不得其解了。

3.注解中有被注的字

字典对于每一个字，总该假定是读者所不认识的。若注解中有被注的字，就等于把读者所不识的字作注，虽注等于不注。《说文》："巳，巳也。"段注："辰巳之巳既久用为巳然巳止之巳，故即以巳然之巳释之。《序卦传》：'蒙者蒙也，比者比也，剥者剥也。'《毛诗传》曰：'虚，虚也。'自古训故有此例，即用本字，不假异字也。"话虽如此说，毕竟不足为训。但是，以本字释本字的例子是很少见的，我们要批评的不是这个，而是注解中杂有本字的情形。例如：

石，山石也；　　　　　　与，党与也；

墨，书墨也；　　　　　　角，兽角也；

味，滋味也；　　　　　　夫，丈夫也；

畜，田畜也；　　　　　　矢，弓弩矢也；

足，人之足也，在体下；　肠，大小肠也；

蛾，蚕化飞蛾也；　　　　弟，韦束之次弟也；

卵，凡物无乳者卵生；　　五,五行也；

风，八风也；　　　　　　发，射发也；

获，猎所获也；　　　　　就，就高也；

宽，屋宽大也。

《说文》这样，犹有可说，因为许氏着重在解释形的方面。例如"畜，田畜也"，主意在说明"畜"字为什么从田；"获，猎所获也"，主意在说明"获"字为什么从犬。至于普通字典，本该着重在义的方向，如果注解中仍有本字，就太违背字典的原则了。

4. 望形生义

字书如果对于每一个字都根究它的义符之所由来，有时候就不免望形生义。咱们不要太迷信汉儒，他们离开造字时代也有一二千年以上，不见得对于字的原始意义都能考证无讹，古文字学家常常告诉咱们许慎许多望形生义的事实。例如《说文》"物"下云："万物也。牛为大物，天地之数起于牵牛，故从牛。"牛为大物，已经说得很牵强；天地之数起于牵牛，竟又是文以载道——汉儒之道！王静安先生证明"物"本来是"杂色牛"，于是许氏的望形生义有了铁证。段玉裁是最崇拜许氏的人，有时候也忍不住批评他这一个缺点。《说文》"告"下云："牛触人，角箸横木，所以告人也。"段注："如许说，则告即辐衡也，于牛之角寓人之口为会意。然牛与人口非一体，牛口为文，未见告义。且字形中无木，则告意未显。且如所云，是未尝用口，是告可不用口也，何以为一切告字见义哉？""苗"下云："草生于田者。"段注："……按苗之故训禾也……草生于田，皮傅字形为说而已。"凡《说文》的训诂不见于经传诸子者，都有皮傅字形的嫌疑。例如：

愿，大头也；　　　　散，杂肉也；

绌，绛也；　　　　　必，分极也；

纷，马尾韬也；　　　暨，日颇见也；

彼，往有所加也。

5.许学的流弊

许氏的毛病，只在这些"本义"上头。而许学的流弊，则又变本加厉，非但在许氏所谓本义之外再讲本义，而且还讲本字。其讲本义者，例如：

"壻，夫也。"段注："夫者丈夫也。然则壻为男子之美称，因以为女夫之称。"

"妃，匹也。"段注："匹者，四丈也……夫妇之片合，如帛之判合矣。"

"给，相足也。"段注："足居人下，人必有足而后体全，故引申为完足。"

"暵，干也。"段注："干者，上出也。凡物干者必上，湿者必下。"

"壻"是一类，"妃""给""暵"另是一类。段氏对于前者，竟是杜撰本义；对于后者，则是拿不相干的意义去勉强解释某一字。咱们须知，即使许氏对于"夫""匹"等字所注的都是本义，但当他把"夫""匹"等字去注释"壻""妃"等字时，尽可以用"引申义"，而且不必再和"夫""匹"等字的本义有关。正如咱们现代字典"该"字有当也一个意义，咱们不必追究《说文》"当"字的本义（"田相值也"），更不必使这所谓本义和"该"字发生无谓的关系。

其讲本字者，例如：

"緟，增益也。"段注："……经传统假重为之。"

"崋，崋山也。"段注："按西岳字各书皆作華，華行而崋废矣。"

"癈，固病也。"段注："癈为正字，廢为假借字。"

"歬，不行而进谓之歬。"段注："按后人以齐断之前为歬后字。"

"渻，少减也。"段注："减省字当作渻，古今字也。"

"嫥，壹也。"段注："……凡嫥壹字古如此作，今则專行而嫥废矣。專者，六寸簿也，纺专也。"

根据这本字的观念，段氏于是有擅改《说文》注字之举。例如：

"壹，嫥壹也。"段注："嫥，各本作專，今正。"

"彰，彣彰也。"段注："彣，各本作文，今正。文，造画也，与彣义别。古人作彣彰；今人作文章，非古也。"

"恤，憂也。"段注："憂，各本作憂，今正。"

至少，他也表示该改的意思。例如：

"擅，專也。"段注："专当作嫥。嫥者壹也。"

"稍，出物有渐也。"段注："渐依许当作趣，渐行而趣废矣。"

"文，错画也。"段注："错当作逪。"

"辟，法也。"段注："法当作灋。"

按：小学家所谓本字，大概可分为两种：一种是由简趋繁。例如"裘"本作"求"、"漏"本作"屚"；另一种是由繁趋简，即上面所举"逪""灋"之类。前者比较地可信（"裘"本作"求"，有甲骨文可证），后者就很违背造字的原理，因为形声字总该是比较后起的。

许慎并没有明白指出某字是本字，譬如他说"嫥，壹也"，他只承认"嫥"字有"壹"的意义，并不是说凡"壹"的意义皆作"嫥"。又如他说"文，错画也"，他只想说"文"的本义是"错画"，却不曾说古人"文"字不曾引申到文章上头；"彣"字大约是后起的"文"字，专就"文采""文章"一方面而言，恰像近年浅人于"尝"字之外更造"噇"字，专就"口味之也"一方面而言。有些地方，段氏更作武断的猜测，如"趣"《说文》只云"进也"，并没有说它有逐渐的意义；很可能地，"渐水"的"渐"假借为"逐渐"的"渐"，而"趣"只是一个具有进义的僻字，和逐渐的意义毫无关系。

总之，本义和本字都该以见于上古典籍者为限。据群书以正一部字书，至少是比之据一部字书以正群书较为尊重古人的遗产！尽管有人疑心现存的先秦典籍的文字不是原来的样子，但是，倘使真的"秦火"能使中国文字失其本来面目，则许慎未必独能考据到"秦火"以前。离开群书而讲本义和本字，就是走入魔道去了。

（三）近代字书的进步

自《说文》以后，中国字书在方法上进步虽少，却不能说完全没有进步。从消极方面说，上面所举古代字书的四个缺点，已经有三个是近代字书所避免的了：文以载道、声训、望形生义，都不为它们所采用了，只有以本字释本字这一个毛病还未能尽除。例如《辞海》"次"下云："……；（2）次第也……;（3）编次之也。"这是较小的毛病，但也以改之为佳。

从积极方面说，近代字书也有两个很显明的进步。兹分述如下：

第一步是知举例。本来，《说文》也不是完全没有举例，可惜他的举例限于经书，并不是每一个字的每一个意义都有一个例。而且,《说文》的例子不一定和它所说的字义相应。例如"利"下云："铦也。"所举的例是："《易》曰，利者，义之和也。"这"利"字并没有"铦"的意思。又如"迁"下云："往也。"所举的例是："《春秋传》曰，迁，子无我。"这"迁"字也没有"往"的意思。又如"微"下云："隐行也。"所举的例是："《春秋传》曰，'白公其徒微之。'"这"微"字也没有"隐行"的意思。许氏一方面抱定只说本义的宗旨，一方面又要引经，以致犯了举例不当的毛病。

《广韵》一类的书，举例更少。咱们须知，例子对于字典是很重要的。法国《新小拉鲁斯字典》(Nouveau Petit Larousse)的卷头语云："一部没有例子的字典，就是一具骷髅。"因为无论怎样好的注解，总不如举例来得明白。

《康熙字典》一出，除了僻字僻义之外，差不多每一个字的每一个意义都有例子。在这一点上，《康熙字典》确有很大的贡献。这也因为它是官书，编辑的人多，所以能有这种成绩。

举例的方法可以有两种：一种是自造例句，一种是援引书籍。前者的好处是明白恰当，而其弊在无征，而且缺乏时代性；后者的好处自然是有征而又具有时代性，然而读者苟非有阅读古书的能力，则对于上古的例句看不懂，就失了举例的意义，可见二者各有利弊。但是，二者不可得兼的话，我们宁愿舍弃前者而取后者，因为有征和具有时代性正是理想字典的主要条件。在这一点上，中国字典比一般西洋字典为优。如果上古的例句太深的时候，不妨加注。这样，不难做到有利无弊的地步。至于现代语的词汇，无适当书籍可引时，自然不妨自造例句。

第二步是知举篇名。古人读书是讲究背诵的，尤其对于经书特别的熟，所以著书的只要说一个"《诗》云"或"《诗》曰"，读者就能知道是在《诗经》哪一篇哪一章。后来大家连非经书的例子也喜欢不举篇名了，例如段玉裁就只说杜诗怎样说、韩文怎样说，并不注明杜集或韩集的卷数或题目。这种举例法，是把读者看做一个学富五车的淹博之士，著者是很客气了，然而这也不是字典的正轨。

《康熙字典》对于经、史往往举出篇名，对于子、集则多数不举篇名。据我们所知，对于引用之文一律注明篇名者，系创始于欧阳溥存等所编的《中华大字典》（中华书局出版），其后《辞海》（亦中华书局出版）也采用这一个办法（《辞海》于集部亦多不注明篇名，举古人诗词，多无标题及卷数，这仍是一个大缺点）。这样，有两个好处：第一是便于读者检阅原书；第二是使读者容易看出例句的时代。譬如《庄子》,《内篇》时代最早，《外篇》也许较晚，《杂篇》则毫无疑义地是晚出的作品，如果糊里胡涂地只注出一个《庄子》，就等于把不相同的几部书混为一部了。

《辞海》还有一个好处，就是对于近代的字义也能举一些例子。如：

> 捉，捕也。《唐书·兵志》:"唐初，兵之戍边者，大曰军，小曰守捉。"（按：不如举杜甫《石壕吏》:"暮投石壕村，有吏夜捉人。"）
>
> 替，代也，见《广韵》。苏轼《跋渔父词》:"以山光水

色，替其玉肌花貌。"

聪明，俗谓有智慧曰聪明。苏轼诗："人皆养子望聪明，我被聪明误一生。"

腾，俗谓转易移用曰腾。《儒林外史》第二十回："家里一个钱也没有，我店里是腾不出来。"

但是，这一些例子是很不够的。一般的字典对于近代的字义所以不举例者，一则是看轻俗字俗义，不屑举例；二则是近代的书太多，要找始见的例子很难。古代的字义，有许多字书、类书可抄；至于近代的字义，就只靠自己去群书中搜寻，所以不是容易的事。但是，看轻近代语是不应该的，无论如何困难，对于每一个近代常用的字义，是必须举例的。这种责任，要放在后来人的身上了。

（四）现存的缺点

上文所举的缺点，有些是现代字典仍旧有的（以本字释本字、近代的字义不举例等），也就是现存的缺点。但是，此外还有两个最大的缺点，是上文所未述及的，而又是古今字书所同犯的，特留在这里说。其实第二节里叙述古代字书的缺点时，就可以把这两个缺点加在里头；所以留在这里说者，一则因为它们不仅是古代字书的缺点，二则因为我们所谓理想的字典，正是针对着这两个缺点而发的，留在这里另外讨论，更显得郑重些。

1.古今字义杂糅

从汉代的字书和训诂书里，不容易看出古今字义杂糅的地方来（但并不是没有），因为汉代距离先秦还不很远的缘故。到了唐代以后的小学书籍，就不免有这毛病了。例如《广韵》"替"下云："废也，代也，灭也。""废"和"灭"是先秦古义（"废"和"灭"只是一个意义，《广韵》因《书传》以"废"训"替"，《国语》注以"灭"训"替"，遂一并引用。《广韵》此种例甚多，如"贷"下云："借也，施也，假也。"也只是一个意义。这种杂注法也是不好的，因不是中国字典的通病，故不具论），《尚书·大诰》"不敢替上帝命"，《国语·鲁语上》"令德替矣"，都属于此义；"代"是隋唐以后的意义。这样杂糅在一处，就使各种字义的时代性无从显示出来了。

中国的历史太长了，每一个世纪总有许多新字、新义，如果把几千年的一切字和一切义，都毫无分别地排列着，就等于把历史的观念完全抹煞了。例如《辞源》"管"下云：

一、乐器名。《礼》："均琴瑟管箫。"

二、凡圆柱中空者，皆曰管，如人身之血管、化学器之吹管。

三、笔弛曰管。《诗》："贻我彤管。"

四、经理其事曰管。

五、枢要也。《荀子》："圣人也者，道之管也。"

六、贯也。《礼》:"礼乐之说,管乎人情矣。"

七、管钥也。俗谓之钥匙。《左传》:"郑人使我掌其北门之管。"

八、拘束也,如管教、看管。

九、姓,周文王子管叔鲜后。

以上九个意义,除了第九个是专名不必讨论以外,其余八个可以分为三类:第一类是死义,包括一、三、五、六、七五个意义。现代咱们不复有一种乐器名为"管"者,也不复称笔驱为"管"("握管"只是古语的残留),枢要和钥匙不复称"管","贯"的意义也不能再说成"管"。第二类是沿用义,包括二、四两个意义。圆柱中空者为管,系由一、三、七的意义引申,故知其来源必甚早;经理其事曰管,《史记·李斯列传》:"赵高以刀笔吏入秦宫,管事二十余年。"《广韵》亦云:"管,主当也。"这两个意义大约是从汉代沿用到现代,所以说是沿用义。第三类是新兴义,就是"拘束"这一个意义。这一个意义始见于何书,尚待考证(理想的字典该做到这种考证的工作)。依我们猜想,它的来源不会早到五百年以前。

这样古今字义杂糅,就浅理说,有两种害处:第一,是今人写现代的文章误用死义。例如该写作"钥匙"的,却写作"管"。这种事实虽不多见,却不是没有,我曾看见有人在白话文里还用"迟我于东门之外"一类的句子。第二,是今人做仿古的文章误用新兴义。现在报章杂志上的文言文,表面上是仿古，其实是把许多新兴的意义掺杂在古语里头。这种不分古今的观念，可说是在查字典的时候就养成了。

　　若就字典方法上说，根本就不该不辨古今、死活。英、法等语的历史比中国的历史短得多了，但是他们的字典也不是不辨古今、死活的。他们普通的字典，总是一种现代字典，里头只有沿用义和新兴义，没有死义。偶然有一二个死义，也必注明"古义"或"罕用"。至于古书的字义，自有专书。例如《乔叟字典》(Glossary of Chau-cer)、《莫里哀字典》(Lexique de molière)等。像咱们中国近代的字典古今、死活都混在一处的，英、法等国可以说是没有。语源字典虽也古今、死活并论，但必须是有条不紊的，绝对不该"混"。

　　中国字典对于时代性，虽没有明显的表示，似乎也不无线索可寻。《康熙字典》的举例，大概是以始见的书为标准的。现代的字典，也大致依照《康熙字典》的规矩。因此，如果某一个字义始见于《诗经》(如：闵，病也，《诗经·邶风·柏舟》"觏闵既多")，可见它是先秦就有的。如果某一个字义始见于宋人的诗文(如：齼，齿伤醋也，曾几《和曾宏父饷柑诗》"瓠犀微齼远山颦")，可见它是靠近宋代才有的。如果完全不举例，就多半是新兴的意义(也有不是新兴义的，如上文所举《辞源》"管"字第四义。又僻字僻义也往往不举例)。此外，所谓今义和俗义，也都是新兴义。例如《辞海》"俏"下云"按今语谓容饰美好曰俏"；"唪"下云"今僧徒高声诵经曰唪"；又"骗"下云"俗借为诓骗字"；"该"下云"俗云欠债曰该债"。

但是，这种线索太暧昧了，既没有一定的宗旨，又没有一定的次序。有时候，新兴义竟放在古义之前。例如《辞源》《辞海》"剪"字下皆先列"剪刀"之义，后列"齐断"之义，这是把字义的源流颠倒了。再说，在现有的字典中，古义的时代虽大致可考，而新兴义的时代却略而不考，或考而不精，也都是不能令人满意的。

2.以一字释一字

以一字释一字，依原则上说，解释的字和被解释的字应该是同义词(synonymes)。在《说文》里，求其颇能合于这个原则者，只有所谓互训的字。例如：

恐，惧也；　　惧，恐也。

媿，惭也；　　惭，媿也。

芜，薉也；　　薉，芜也。

触，抵也；　　抵，触也。

逾，越也；　　越，逾也。

歌，咏也；　　咏，歌也。

问，讯也；　　讯，问也。

詈，骂也；　　骂，詈也。

老，考也；　　考，老也。

信，诚也；　　诚，信也。

缉，绩也；　　绩，缉也。

颠，顶也；　　顶，颠也。

札，牒也；　　　牒，札也。

螽，蝗也；　　　蝗，螽也。

但是，世上真正的同义词极少，甚至可以说是没有（因此《拉鲁斯字典》只把synonyme解释作"差不多同义的词"）。因为每一个词往往有两个以上的意义，而所谓同义词者，往往只能在一个意义上是相同的（参看拙著《中国语文概论》）。例如"芜，薉也"，这只是拿"薉（秽 ）"的意义之一来解释"芜"字的意义之一，因此"污秽"的"秽"可说是与"芜"没有关系。同理，"考"虽可释为"老"，"绩"虽可释为"缉"，然而"三载考绩"却不能解作"三载老缉"，可见互训的办法已经是不妥的了。

比互训更不妥的办法就是递训法，递训是以乙训甲，复以丙训乙之类。例如《说文》"敛"下云"收也"，而"收"下又云"捕也"。若依完全同义为训的原则，"敛"字也该可解作"捕也"，然而咱们不能这样办，因为"敛，收也"的"收"是甲种意义的"收"，而"收，捕也"的"收"是乙种意义的"收"。像这一类的例子,《说文》里真不少。例如：

富，备也；备，慎也；但"富"不能解作"慎"。

优，饶也；饶，饱也；但"优"不能解作"饱"。

摇，动也；动，作也；作，起也；但"摇"不能解作"起"。

课，试也；试，用也；但"课"不能解作"用"。

无，亡也；亡，逃也；但"无"不能解作"逃"。

　　犯，侵也；侵，渐进也；但"犯"不能解作"渐进"。

　　偮，扬也；扬，飞举也；但"偮"不能解作"飞举"。

　　践，履也；履，足所依也；但"践"不能解作"足所依"。

　　过，度也；度，法制也；但"过"不能解作"法制"。

　　俗，习也；习，数飞也；但"俗"不能解作"数飞"。

　　伦，辈也；辈，若军发车百两为辈；但"伦"不能解作"军发车百两"。

　　和递训法有同样的缺点者，是同训法。同训就是以丙字训甲，又以训乙。例如：

　　成，就也；造，就也；但"成"不能解作"造"。

　　转，还也；偿，还也；但"转"不能解作"偿"。

记得我在小学的时候查字典，先查甲字，见说是等于乙字，再查乙字，又说是等于甲字（互训）。恰巧甲、乙两字都是我所不认识的，于是就没有办法。有时候，先查甲字，见说是等于乙字，再查乙字，则乙字下面注着几个意义，有等于丙字的，有等于丁字的，有等于戊字的，竟使我无所适从，这都是以一字释一字的害处。如上文所论，连段玉裁有时候也不免为递训法所误（"壻，夫也""夫，丈夫也"，遂断定"壻"为"丈夫"，而谓为男子美称），何况一般浅学之士呢？

相似而不相同的两种事物，如果以此训彼，更有不明确之嫌。这种毛病，段氏叫做"浑言"。例如：

"视，瞻也。"段注："目部曰：'瞻，临视也。'视不必皆瞻，则瞻与视小别矣。浑言不别也。"

"息，喘也。"段注："口部曰：'喘，疾息也。'喘为息之疾者，析言之。此云'息者喘也'。浑言之。"

"女，妇女也。"（"妇人"虽是两个字，却是一个词（word）。中国古代字与词无甚分别，故云以一字释一字。严格地说，该是以一词释一词）段注："浑言之，女亦妇人；析言之，适人乃言妇人也。"

"菅，茅也。"段注："按《诗》谓白华既沤为菅，又以白茅收束之。菅别于茅，野菅又别于菅也。"

"走，趋也；趋，走也。"段注："《释名》曰：'徐行曰步，疾行曰趋，疾趋曰走。'此析言之。许浑言不别也。"

"携，提也；提，挈也。"段注："挈者，县持也。携则相并，提则有高下，而互相训者，浑言之也。"

在这一点上，段氏的见解很精确，实有匡许之功。然而他非但不自居功，倒反替许氏辩护说（"诗"字注）："所以多浑言之者，欲使人因属以求别也。"明明是许氏自己不知求别，却说是欲使别人求别，这可说是非常无理的一种辩护了。理想的字典，是应该处处避免浑言的；然而若要避免浑言，必须先尽量避免以一字释一字。

（五）理想的字典

说到这里，理想的字典该是怎样的，读者大约已经猜着了。除了矫正一些小毛病（如以本字释本字）之外，咱们应该从积极方面做到三件事：

1. 明字义孳乳

这似乎是老生常谈，但我们所谓明字义孳乳却和普通的意思不大相同。第一，我们不主张追溯到史前期的字义，以免有不真确的危险。例如《说文》"皮"下云："剥取兽革者谓之皮。"由此看来，"皮"的本义似乎是一种职业的人，故段注云："……云'者'者，谓其人也。取兽革者谓之皮……因之所取谓之皮矣。"这种说法，是没有古籍可以证明的，我们不取。第二，我们主张字义孳乳的考证不限于上古，连秦汉以后字义的父子、公孙关系也值得加以详细的研究。

最明显的字义孳乳，例如"朝"字（参看《说文》"朝"字段注），《说文》"朝"下云"旦也"（《尔雅·释诂》："朝，早也。"《礼记·祭义》："周人祭日以朝及暗。"注："朝，日出时也。"《左传·僖公二十八年》："诘朝将见。"注："诘朝，平旦。"义皆同），这是"朝"的本义。由此本义引申，得二义：第一是范围扩大，"从旦至食时"为"朝"（《诗经·鄘风·蝃蝀》"崇朝其雨")。第二是意义转移,"见天子"曰"朝"(《周礼·春官·大宗伯》"春见曰朝",注曰"朝犹朝也,欲其来之早")。由"见天子"的意义引申,又得二义:第一是范围扩大,"子见父母"亦曰"朝"(《礼记·内则》"昧爽而朝")。第二是意义转移,君臣谋政事之处亦曰"朝"(《礼记·曲礼下》"在朝言朝")。由"见君父"的意义扩大,则见所敬之人亦得谓之"朝"(《史记·司马相如列传》"临邛令日往朝相如")。由"君臣谋政事之处"的意义扩大,则"官府听事"亦得谓之"朝"(《后汉书·刘宠传》"山谷鄙生,未尝识郡朝",王先谦《集解》引《通鉴》胡注"郡听事曰郡朝,府听事曰府朝")。意义转移,则"每一家的君主时代"亦得谓之"朝"(如:汉朝、唐朝)。如下表:

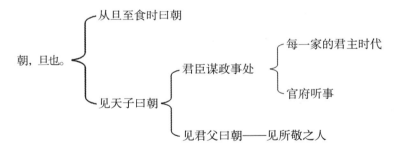

扩大义大约不成问题;转移义就该特别谨慎研究。即如"朝"字由"旦"的意义转移到"觐见"的意义,《周礼》注云"欲其来之早",是不是牵强傅会呢?恰巧后代把"朝夕"的"朝"和"朝见"的"朝"念成不同音的字,更容易令人疑心它们不是同源。关于这种地方,咱们最好是能找出若干旁证。现在咱们试看《左传·昭公十二年》:"右尹子革夕。"暮见可以称"夕",旦见自然可以称"朝"(《左传·成公十二年》:"朝而不夕。"疏:"旦见君谓之朝,暮见君谓之夕")。暮见的"夕"读音不改,则知旦见的"朝"与"旦也"的"朝"异读乃是后起的事。由此看来,"朝"确是旦见的意思,因为其见在旦,故曰"朝"(《白虎通·朝聘》:"朝者,见也。因用朝时见,故谓之朝。"这种说法,比《周礼》的注为高明),却不是因为"欲其来之早"。

"朝"字的一切意义,都是一脉相传的。有许多字也像"朝"字一样,咱们可以替它画出一棵谱系树;但是,咱们却不能说每一个字都是如此。有些后起的字义,偶然依附在某一字的躯壳上,并不一定和那字的古义发生关系。例如"该"的古义是"备"(《说文》"该,军中约也",无可确考),今义则有"宜也""此也""欠也"。咱们虽可说由"宜"引申得"欠"义("欠"者"宜欠钱"也),却不能说由"备"引申得"宜"义或"此"义。"备""宜""此"应该是有三个来源,不同一脉。又如"甚"的古义是"过",近代又可当"何"字解,"过"和"何"也没有什么关系。段玉裁不知此理,执定后起的意义必须由本义引申。例如:

"尝,口味之也。"段注:"引申凡经过者为尝,未经过者为未尝。"

"相,省视也。"段注:"按目接物曰相,故凡彼此交接皆曰相，其交接而扶助者则为相瞽之相。"

咱们也难怪段氏如此，连许慎也有先例了：

> 来，周所受瑞麦来麰也。……天所来也，故为行来
> 之来。
> 韦，相背也。……兽皮之韦可以束枉。戾相韦背，故
> 借以为皮韦。

我们虽主张明字义孳乳，但这种态度却是我们所反对的。

　　明字义孳乳，似乎只是语源字典的事，普通字典用不着。但是，普通字典如果很简单地提及某义为某义的引申，也可以使读者得到一些史的观念。在《辞源》和《辞海》里，我们偶然发现一些很可爱的注解。例如：《辞源》"信"下云：

> ……古人谓使者曰信，今书信信札之义本此。

《辞海》"信"下云：

> 一，诚也。……按诚信有不差爽之义，引申之，凡事
> 之依期而至无差忒者，皆谓之信；如风信、潮信。……二，
> 使者也。……按今谓书函为信，以其由使者赍来也。

这样注解，只有一个缺点，就是不曾对于后起的意义注明其时代。这就是下面所要讨论的了。

2.分时代先后

本来，明字义孳乳就含有分时代先后在里头：本义最早，引申义次之，引申义的引申义又次之。不过，上古的字义是很难细分时代的，因为咱们所能看见的史料不多，有些字的造字时代更远在有史以前。如果凭着现有的史料去看，也许引申义和本义同时出现，甚至引申义出现于本义之前，这都是史料不足的缘故。汉以后的新兴义就可以判明时代了。例如：咱们可说"朝"字的拜候的意义是汉代的产品，办公厅的意义是六朝的产品。固然，"朝"字的"拜候"义可能产生于司马迁时代之前，它的办公厅义可能产生于范晔时代之前，因为现存的史料不一定就能作证据。但是，如果史料不是伪书的话，某义始见于某书，虽不能说它就在某书产生的时代同时产生，至少可以说距离那时代不会早很多（新义初起时，常被认为俗义，文人不大肯用它。因此，某义始见于某书，可认为它比那一部书的时代早些）。这样，咱们得到一个大约的时代，也就很可以满意了。

先哲不乏有锐利的眼光和缜密的思想的人，他们对于字义并不是完全没有史的观念。段玉裁在某一些地方也显得他对于这一方面很有见地。例如：

"屦，履也。"段注："晋蔡谟曰：'今时所谓履者，自汉以前皆名屦。《左传》"踊贵屦贱"，不言"履贱"；《礼记》"户外有二屦"，不言"二履"；贾谊曰"冠虽敝，不以苴履"，亦不言"苴屦"。《诗》曰"纠纠葛屦，可以履霜"，屦舄者一物之别名，履者足践之通称。'按蔡说极精。《易》《诗》《三礼》《春秋传》《孟子》皆言'屦'不言'履'，周末诸子、汉人书乃言'履'。《诗》《易》凡三'履'，皆谓'践'也。然则'履'本训'践'，后以为'屦'名，古今语异耳。"

"绔，胫衣也。"段注："今所谓'套袴也'。左右各一，分衣两胫。古之所谓'绔'，亦谓之'襡'，亦谓之'裈'，见衣部。若今之'满当绔'，则古谓之'幝'，亦谓之'幝'，见巾部。"

"仅，材能也。"段注："……材能犹仅能也。《公羊传·僖公十六年》曰：'是月者何？仅逮是月也。'何注：'在月之几尽，故曰劣及是月。'《定八年》曰'公敛处父帅师而至，懂然后得免'，'懂'盖'僅'之讹字。《射义》'盖有存者'，言存者甚少。……唐人文字，'仅'多训'庶几'之'几'。如杜诗'山城仅百层'；韩文'初守睢阳时，士卒仅万人'，又'家累仅三十口'；柳文'自古贤人才士被谤议不能自明者，仅以百数'；元微之文'封章谏草，锱委箱笥，仅逾百轴'。……今人文字皆训'仅'为'但'。"

像段玉裁这样大才，如果肯编一部字典，依照这种史的观念做去，一定大有可观。可惜他对于这种地方用力太少了，这似乎只是他的"余事"；他的主要力量却在考经。陈鲁为段书作跋云："鲁闻诸先生曰：'昔东原师之言："仆之学，不外以字考经，以经考字。"余之注《说文解字》也，盖窃取二语而已。'"在四部之中，小学是列入经部的。这好像若非用以考经，则字书便无存在的价值。

到了现代，为经而治小学的成见是应该取消的了，咱们必须是为史而治小学。字的形、音、义的变迁，乃是文化史的一部分。拿历史的眼光来看，经义和俗义的价值无轻重之分。咱们应该有一部语源字典和几部分期的字典（如先秦字典、汉代字典、现代字典等）。最好是有人先编专书字典或作家字典，作为基础。咱们现在所有的字典，对于唐以前的字义，还勉强可用；至于唐以后的字义，简直是要从头做起。普通字典对于新兴的意义，有三种毛病，兹分述如下：

第一是误考语源。例如《辞海》"舍"下第九义云"何也"，引章炳麟《新方言·释词》："余亦训何，通借作舍，《孟子·滕文公》篇'舍皆取诸其宫中而用之'，犹言何物皆取诸其宫中而用之也。""舍"字朱注云"作陶冶之处也"，固未必是；而章氏以"何"训"舍"，更有傅会之嫌，大约《孟子》此处有脱误，正不必强作解人。又如《辞海》"吓"下第二义云"惊恐人曰吓。《庄子·秋水》：'今子欲以子之梁国而吓我也？'"（"也"字《庄子》原文作"邪"，《辞海》误）按《庄子》上文云："鸱得腐鼠，鹓雏过之，仰而视之曰吓！"《释文》引司马云"吓，怒其声"，这正表示鸥不能言，只能作一种发怒的声音。下文"吓我"，意思是"像鸥对待鹓雏那种态度来对待我"，并没有威吓、恐吓的意思。《辞海》接着还说"语音读如下，亦写作吓"，简直把现代的"吓"字和《庄子》里的"吓"字混为一谈，殊属非是。这种误考语源的害处，非但令人误读古书，还会令人误认了某一字义的时代。例如把现代吴语里的"啥"字和现代普通话的"吓"都认为先秦的产品，这是大错的。总之，说某一个字义在先秦早已产生，而中间又隔了一二千年不出现于群书，直到现代或近代方再出现，实在是很不近情理的事。

第二是缺乏例证。例如《辞海》"很"下第三义云"犹甚也，如俗云很好很坏"；"该"下第三义云"犹言宜也，凡事应如此曰该"。这样没有例证，就不知道它们始见于何书（字典举例，向来以始见之书为限，见上文），也就不知道它们是什么时代的产品。这是极艰难的工作，但是字典如果做不到这一点，绝不能达到最高的理想。

第三是绝口不提。凡对于新兴的意义绝口不提者，并非不愿意提及，而是因为字典的作者并不觉察到某字还有新兴的意义。这种忽略，一则由于以今义读古书，二则由于以今义作古文（文言文），遂至把古今微别的字义混而为一。如果字典的作者有段玉裁读"仅"字的精神，就不至于犯这毛病了。现在姑就几个最常用的字举例如下：

暂

《说文》云："不久也。"段注："《左传》：'妇人暂而免诸国。'今俗语云'霎时间'，即此字也。"《辞源》《辞海》"暂"下皆有二义：1.不久也；2.犹猝也，而以《左传》例句归第二义。今按：上古"暂"字但有"猝"义，许氏因"暂"字从日，故云"不久也"，然而许氏本人所用的"暂"字都是"猝"的意思。《说文》"突"下云"犬从穴中暂出也"；"默"下云"犬暂逐人也"；"猝"下云"犬从草暴出逐人也"；"猝""暴""突""暂"四字同义。凡突然的事，需时不多，故曰"不久"，后代却真有为时不久的意思。例如王羲之《兰亭集序》"当其欣于所遇，暂得于己"；苏舜钦《沧浪怀贯之》"君又蹔来还径去"，等等。直至近代，"暂"才有暂且的意思，"暂且"是"有所待，而现在且如此"。如"暂用麻绳，将来改用铁索""在私事料理就绪以前，暂不出国"。这种意义，始见于何书，尚待考证，但绝不能早至宋代以前。

再

《辞源》《辞海》皆云："重也，仍也。"按：古代"再"字只是两次的意思。《左传·僖公五年》："一之为甚，其可再乎？"就是不该有两次的意思。此外"再造"是造两次，"再醮"是嫁两次，"再生"是生两次。现代的"再"字当"复"字解，如"来了三次，还可以再来一次"；又当"然后"解，如"我吃了饭再去"。这两种意义都是古代所没有的。

稍

《说文》："出物有渐也。"段注："稍之言小也，少也，凡古言稍稍者，皆渐进之谓。《周礼》'稍食'，禄禀也；云'稍'者，谓禄之小者也。"《辞源》"稍"有三义：1.禀食也。2.略也，少也，引《汉书》"吏稍侵辱之"。3.距王城三百里曰稍。《辞海》"稍"有四义：1.小也，少也，见《说文》段注。2.渐也，见《汉书·郊祀志》注。3.禀食也。4.距王城三百里曰稍。《辞源》《辞海》二书相比较，《辞海》的注解妥当些。《辞源》说"稍"有"略"义而引《汉书》，是大错误。"吏稍侵辱之"，只是吏渐侵辱之的意思。略、颇的意义是近代才有的，直至宋代还是渐的意义。如苏轼《与述古自有美堂乘月夜归》："娟娟云月稍侵轩。"《辞海》的第一义也并不能包括近代颇、略的意义，因为《周礼》的"稍"只有小或差一等的意思（形容词），没有颇、略的意思（副词）。

朝

近代有向的意义，如"朝东""朝北"，《辞源》《辞海》皆未提及。

让

近代有"听""任"的意义，《辞海》未提及。

走

在现代官话及吴语里，有古代"行"的意思，《辞源》未提及。《辞海》引《说文》段注："今俗谓走徐趋疾者非。""走徐"是今义，应郑重提出，不能谓之"非"。

此外，以今义释古义，也会使时代不明（这是指以一字释一字而言。如果以多字释一字，则不妨以今义释古义。再者，如果编一部古汉语字典，声明以今义释古义，那也是可行的）。《说文》"屦，履也""舟，船也"，是很不好的先例。《辞源》"代，替也"，也是不妥。希望将来没有"口，嘴也""行，走也"一类的恶例出现。如果要以今释古，不妨加上"犹今言"或"犹俗言"等字样，使今古的界线分开。

3.尽量以多字释一字

以一字释一字，并非完全不可行。有些真正同义，或差不多同义的字，仍不妨以一释一。例如"惭，愧也""愧，惭也"。以一释一自有好处，因为可以简单、明白，尤其是翻译的时候用得着。汉英字典或英汉字典之类，很可以多利用这个办法。不过，同一时代的同一语言，同义字非常之少，以一释一是很难办到的事，所以咱们应该尽量地以多字释一字，这和上文所谓由属求别的理由是一样的。现在只举"来""去""往""适"四个字为例。《辞海》"来，至也"（据《广韵》）；"去，往也，行也"；"往，去也，由此之彼也"（《广韵》；"往，之也，去也，行也，至也"）；"适，往也"（据《尔雅》《广韵》）。由《辞海》看来，"来""至"同义，"去""往""适"同义；由《广韵》看来，"来""至""去""往""适"五字同属一义（因"来""往"都有"至"义）。事实上，"至""来""去""往""适"共有五个意义，各不相同。段玉裁毕竟是个精细的人，《说文》"适"

下云"之也"，他作注说"《释诂》'适、之，往也';《方言》'逝、徂、适，往也。适，宋鲁语也'。按此不曰'往'而曰'之'，许意盖以'之'与'往'稍别。'逝''徂''往'自发动言之，'适'自所到言之，故变卦曰'之卦'，女子嫁曰'适人'。"段氏对于"逝""徂"略有误解："逝"与"去"义相近，《尚书·大诰》"若昔朕其逝"，《论语·子罕》"逝者如斯夫，不舍昼夜"；"徂"与"适"义相近，《诗经·豳风·东山》"我徂东山"。但他对于"往""适""之"三字，见解却是很对的。如果咱们以多字释一字，则对于"来""去""往""适"四字，可作注解如下：

来，古义：从他处到此处曰"来"，"来"字后不言所到之处（"至"字则不然，从此处到他处亦可言"至"。如"弃而违之，至于他邦"〔《论语·公冶长》〕；"至"字后可言所到之处。如"齐一变，至于鲁"〔《论语·雍也》〕。但"至"字后如不言所到之处，则与"来"义相近。如"则四方之民襁负其子而至矣"〔《论语·子路》〕）。例如：

> 终风且霾，惠然肯来。（《诗经·邶风·终风》）
> 道之云远，曷云能来。（同上，《雄雉》）
> 匪来贸丝，来即我谋。（同上，《卫风·氓》）
> 我来自东，零雨其蒙。（同上，《豳风·东山》）
> 曾孙来止，以其妇子。（同上，《小雅·大田》）
> 齐高固及子叔姬来。（《春秋·宣公五年》）

齐侯、卫侯、郑伯来战于郎。①（同上，《桓公十年》）

有朋自远方来。（《论语·学而》）

叟，不远千里而来。（《孟子·梁惠王上》）

子亦来见我乎？（同上，《离娄上》）

现代的文言"某人不日来京"，白话"他到这里来"，都是不合古义的，因为把所到的地方说出来了。

去，古义：舍弃原所在地或原所从之人而他徙曰"去"。"去"者，或不知所之，或虽知所之而语意不在其所之，至于原所在地或原所从之人则往往说出，故"去"为及物动词（"去"又有除义，与"往""适"义远，故不论。《广韵》除义之"去"读上声，离义云"去"读去声）。例如：

楚师将去宋。（《左传·宣公十五年》）

逝将去女。（《诗经·魏风·硕鼠》）

公子絷其妻而去之。（《公羊传·襄公二十七年》）

我死乃亟去之。（《左传·隐公十一年》）

微子去之。（《论语·微子》）

何必去父母之邦。（同上）

二三子何患乎无君？我将去之。去邠。（《孟子·梁惠王下》）

---

① "来战于郎"，"于郎"是修饰"战"字的，不是修饰"来"字的。下仿此。

孟子去齐。(同上,《公孙丑下》)

"去"字又可用为不及物动词,但仍有舍弃之意。例如:

鸟乃去矣,后稷呱矣。(《诗经·大雅·生民》)

子未可以去乎?(《论语·微子》)

蚳蛙谏于王而不用,致为臣而去。(《孟子·公孙丑下》)

有官守者,不得其职则去;有言责者,不得其言则去。(同上)

不遇故去,岂予所欲哉?(同上)

由由然不忍去也。(同上,《万章上》)

在古代,"去"的反义词是"留"("合则留,不合则去"),或"就"("所就三,所去三"),不是"来"("往"的反义词才是"来")。因为"去"有舍弃之义,与后代仅有离开之义者不同(仅有离开之义者,有"行"字。《诗经·秦风·无衣》"与子偕行";《论语·微子》"三日不朝,孔子行";又"使子路反见之,至则行矣")。直至汉代,"去"字始有离开之义,可与"来"字相对。故《史记·汲郑列传》云:"招之不来,麾之不去。"现在报纸常云"某人去沪"以代"某人赴沪",则又与古义适相反了。

往,古义:从此处到彼处曰"往","往"字不能有宾语。例如:

纵我不往，子宁不来。(《诗经·郑风·子衿》)

且往观乎？(同上，《溱洧》)

昔我往矣，杨柳依依。(同上，《小雅·采薇》)

我能往，寇亦能往。(《左传·文公十六年》)

孟孙请往赂之。(同上，《成公二年》)

郑子大叔与伯石往。(同上，《襄公二十九年》)

阳虎强使孟懿子往扳夫人之币。(同上，《定公六年》)

鲍子醉而往。(同上，《哀公六年》)

譬如平地，虽复一篑，进，吾往也。(《论语·子罕》)

佛肸召，子欲往。(同上，《阳货》)

其子趋而往视之。(《孟子·公孙丑上》)

如不待其招而往，何哉？(同上，《滕文公下》)

象往入舜宫。① (同上，《万章上》)

祭仲将往省于留。② (《公羊传·桓公十一年》)

使臧文仲往宿于重馆。(《左传·僖公三十一年》)。

　　"往"的反义词是"来"，故经传常以"往""来"并举。如《诗经·邶风·终风》"莫往莫来"，《左传·僖公三十年》"行李之往来"，《论语·学而》"告诸往而知来者"。"来"与"往"的词性极相近，故皆不言所到之处。今人"汽车开往重庆"一类的话，是不合古义的。

———————

① "舜宫"是"入"的目的位，不是"往"的目的位。
② "往省于留"，"于留"修饰"省"，不修饰"往"。下条仿此。

适，古义：从此处到彼处曰"适"（"之"与"适"略同。"赴"古代但有趋与告丧二义。"赴"训为"适"，乃近代的意义），"适"字必须有宾语。例如：

适子之馆兮。（《诗经·郑风·缁衣》）

叔适野，巷无服马。（同上，《叔于田》）

逝将去女，适彼乐土。（同上，《魏风·硕鼠》）

匪适株林，从夏南。（同上，《陈风·株林》）

今适南亩，或耘或籽。（同上，《小雅·甫田》）

子适卫，冉有仆。（《论语·子路》）

成季以僖公适邾。（《左传·闵公二年》）

无适小国。（同上，《僖公十七年》）

公与夫人每日必适华氏食公子而后归。（同上，《昭公二十年》）

"往"与"适"的分别："往"者，上文已言其地，或其地极易推想而知，故"往"字后可不复言其所往之处；"适"者，上文既未明言其地，又不可推想而知，故必须有宾语。

在词性上，"来"与"往"为一类，皆不能有宾语；"去"与"适"为一类，皆能有宾语。

由上面所举的例证看来，以多字释一字的好处可以了然了。

结语

这种理想的字典，并非一个人所能办到的。单说考证字义的时代，非但是数十人、数百人的事，而且恐怕是数十年或数百年的事。因此，字典必须是官书，如《康熙字典》之类。不过，如果没有好的方法，好的字典是仍旧不会出现的。